Georgia O'Keeffe

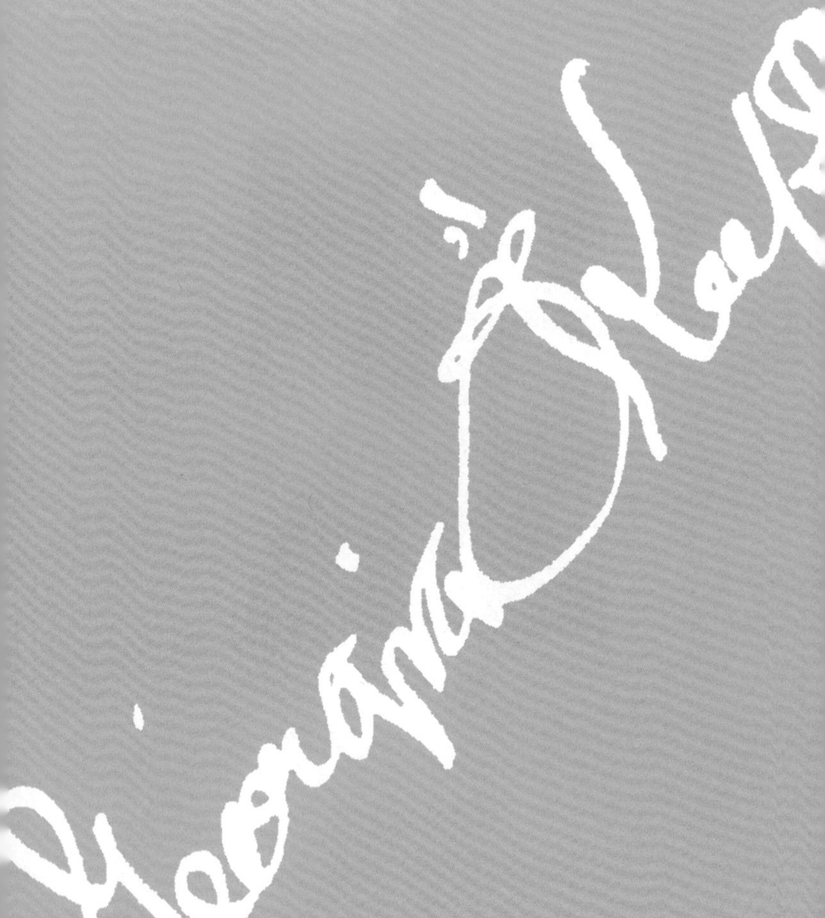

乔治亚·欧姬芙

我独居于世界的尽头

[美] 艾莉西亚·伊内兹·古斯曼 著 / 夏莹 译

Georgia O'Keeffe At Home

广西师范大学出版社
·桂林·

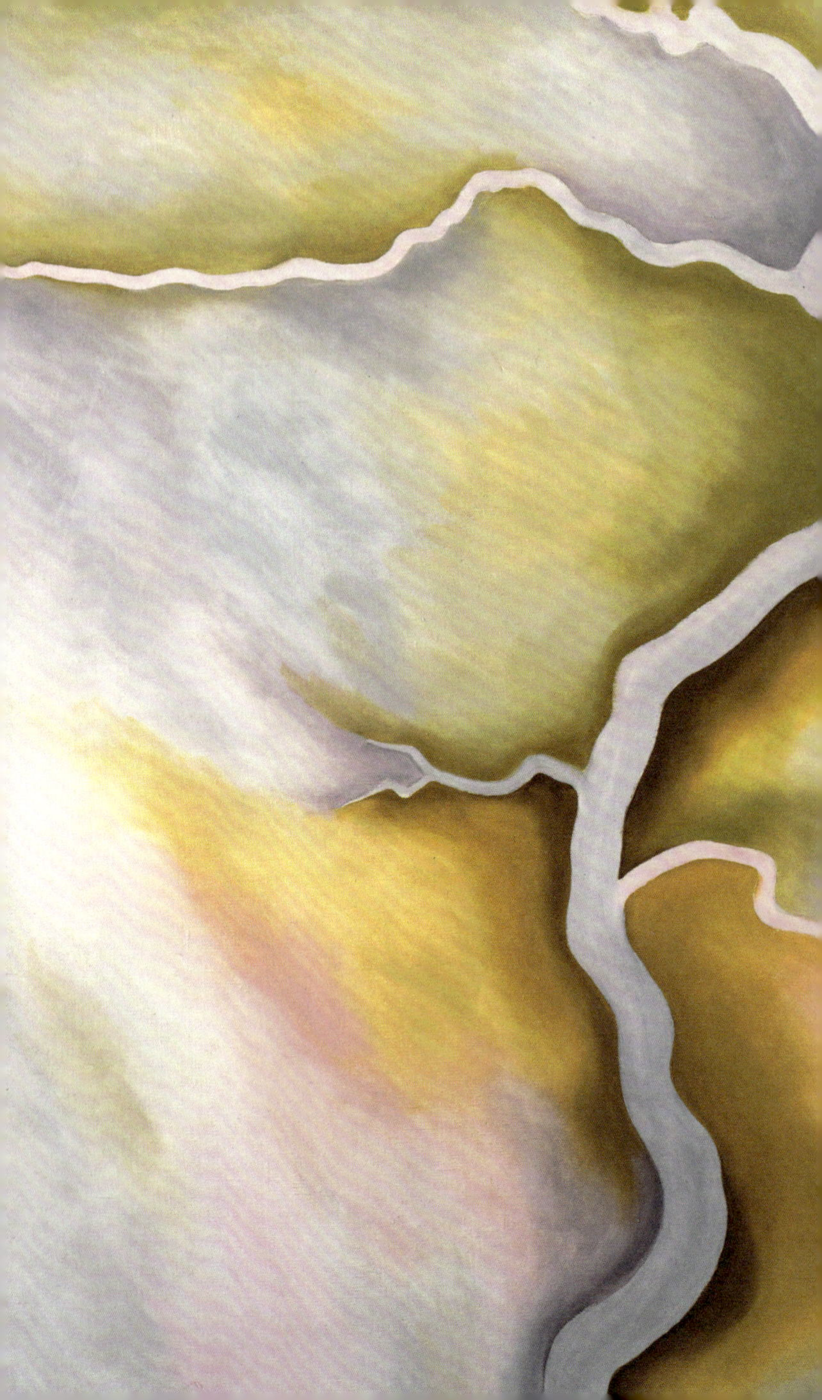

目录

CONTENTS

01　简介

07　第一章
《夜间沙漠里的火车》
一位艺术家的蜕变

51　第二章
《来自远方、近在咫尺》
来自远方的纪念品

105　第三章
《平顶山东侧道路2号》
荒原及荒原之外

153　第四章
《云上天空 1号》
家在途中

191　尾声

203　尾注

212　原版书参考文献

214　原版书版权和图片处说明

217　致谢

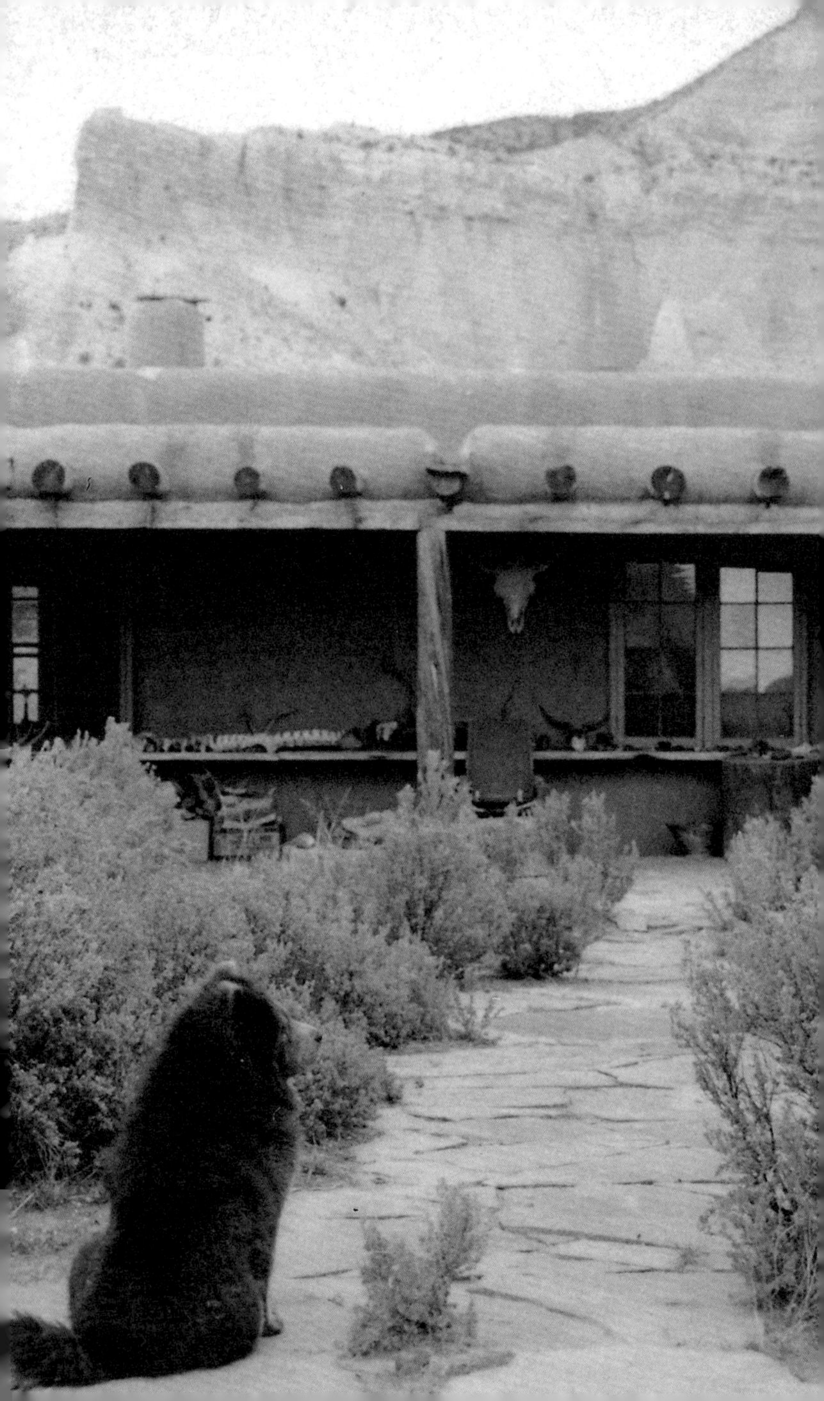

简介

图1. 欧姬芙站在"骨盆骨"系列作品《红色与黄色》（1945年）前，阿尔伯克基，新墨西哥州，1960年

> 我出生于何处以及我的生活方式均无足轻重，
> 我在所停留的地方做的事情才是有意义的。

这的确是欧姬芙直率的言语风格，当谈及生活方式和居住地点对自己艺术创作的影响时，她直言不讳。1976年，欧姬芙在自传中关于此话题的观点决绝而坚定，仿佛在提醒读者，不要试图通过那些她称之为"家"的地方来诠释她的作品。的确，如果我们仅通过地点来理解她一生的作品，就可能会忽略作品形成的方式。换言之，侧重于地点可能导致对作品进行片面的传记式解读，甚至会被理解为"居家"类作品。作为最了解自己的人，欧姬芙认为这种解读作品的方式简直是异想天开。在她眼中，欣赏她的作品就是看她所见，而不是去解读她的生活方式。毫无疑问，欧姬芙"看"得与众不同，她通过自己时尚的视角，从不同角度审视着不同的风景地貌，从纽约到新墨西哥州。那是一种兼具浓缩与放大的视角，她将别人习以为常的空间和物体转换为线条及色彩，创造出独树一帜的视觉效果。在自传中，欧姬芙似乎在表达，她就是通过这种视角来观察自己生活和旅行过的地方。无论地点如何变化，欧姬芙都始终坚持着自己的美学品味。然而，"家"的话题依旧值得探讨，并非因为她一生定居于某地，而是因为她将不少的地方都称为家，包括美国中西部、东海岸和西南部。欧姬芙经常旅行，早期是为了学术和教学交流，后期则是为了艺术和乐趣。在欧姬芙所处的年代，社会对女性的行为有着严苛的规定，但她并没有屈服，始终保持精神的独立性，跟随内心游

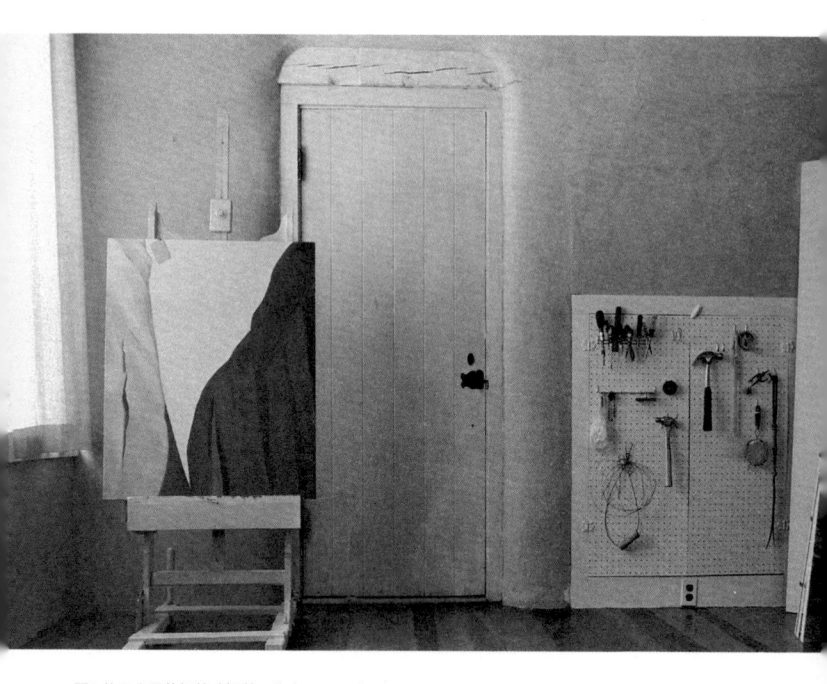

图2.位于幽灵牧场的欧姬芙工作室,1966年

历各地。想要定义欧姬芙的家并不容易：一方面是因为无论她身居何处，其卓越的艺术创作能力都会让该地引以为傲；另一方面是因为她频繁更换住所，"安定下来"成为一件很困难的事情。在很长一段时间里，欧姬芙的家可以用两处居所来定义：一处位于繁华的艺术中心纽约，是她和丈夫阿尔弗雷德·斯蒂格利茨的家；另一处位于遥远的新墨西哥州，有着广阔的田园风光且极具年代感，能让她获得慰藉和自由。20年间，欧姬芙在这两处风格迥异的居所之间往返，停留在一处就意味着离开另一处。两处居所相互影响。

从另一个层面来讲，家不仅是地理上的定义，也是一种念想，欧姬芙对两处居所都有着类似"家"的情感。她在绘画中对两处居所的风景进行了艺术加工，反过来，这些风景也潜移默化地影响着她的创作习惯，激发她的好奇心，同时让她休养生息。她的居所并非一成不变，而是受到时代变化的影响。作为一位颠沛流离却努力想安顿下来的艺术家，欧姬芙经历了基础设施、沟通方式和旅行交通工具的变化，这是本书的核心所在。从这个角度来看，虽然欧姬芙最具代表性的作品描绘了遗世独立的美国西南部风景，但她并非一个孤僻的反社会者，相反，她以一种有意义的甚至矛盾的方式，同周围的环境和邻居们打交道。欧姬芙经历了20世纪具有代表性的种种变化，并参与了社会、文化、技术和艺术的变革；同时，她还见证了两次世界大战、第一颗原子弹的成功爆炸试验、冷战、艺术界的变革以及美国现代主义的开始。研究欧姬芙在哪里、她以何种方式生活，可以帮助我们勾勒出一种独特的现代生活方式,一种建立在变化及伴随变化而至的兴奋和不安之上的生活方式。许多作家和艺术家都曾解析欧姬芙的作品,本书将另辟蹊径地从变化的角度去诠释她的创作,探讨那些被她称为家的地方现在何去何从;随着时代的发展,这些地方在外观和价值上所发生的变化又意味着什么。我们将从欧姬芙的画作中寻找蛛丝马迹,探索她如何通过作品来揭示和暗喻自己丰富的人生经历,以及在家和离家的意义所指。

CHAPTER 1

第一章
《夜间沙漠里的火车》
一位艺术家的蜕变

图3.《夜间沙漠里的火车》，1916年，纸上铅笔和水彩画，30.3厘米×22.5厘米。购于绘画和国家艺术基金会委员会。现代艺术博物馆，纽约，美国（113.1979）

> 现代主义是一个包容性极大的名词，
> 适用于对多种公认的、传统的形式的反叛。[1]

在作品《夜间沙漠里的火车》（图3）中，跃动的火车头灯光牵引出白色的蒸汽团。背景中，漆黑的天空和虚无的大地融汇交织，没有地平线，唯有柔和的色调渐变。欧姬芙在接受《纽约客》杂志卡尔文·汤姆金斯的专栏采访时回忆道，她是在西得克萨斯的乡村创作出《夜间沙漠里的火车》的，那里"有一些小洼地"，因此"早班火车从远处开来时，会时隐时见"[2]。观众在这幅水彩画中可以感受到，火车只是暂时消失在缓坡后，很快会再次出现。我们通过欧姬芙的眼睛捕捉到了这个瞬间，正如她本人所见，火车头沿着淡绿色轨道线蜿蜒而来，轨道线表明了火车的轨迹。欧姬芙居住于得克萨斯期间，在给丈夫的信中，她这样描述火车："很高兴看到那个活生生的黑色物体在宁静中向我驶来，它喷出的蒸汽多么美妙。当我转过身时，太阳就在天边，一道细细的亮光瞬间光芒四射，万物皆变得耀眼夺目。我想你。"[3]

1916年，欧姬芙在西得克萨斯州立师范学院（现得克萨斯A&M大学）任教期间，在大峡谷创作了《夜间沙漠里的火车》。作品名中的"夜间"将画中的景色定义为夜景，不过，这个名字并非欧姬芙本人所起，而是其他人命名的。[4]实际上，我们并不清楚这幅作品是在夜间还是在清晨绘制。欧姬芙被黄昏和黎明时分似乎要融化于天空的光线渐变吸引，因而这类场景频繁出现在她同时期的作品中。太阳跃上地平线时的光线，是欧姬芙这一时

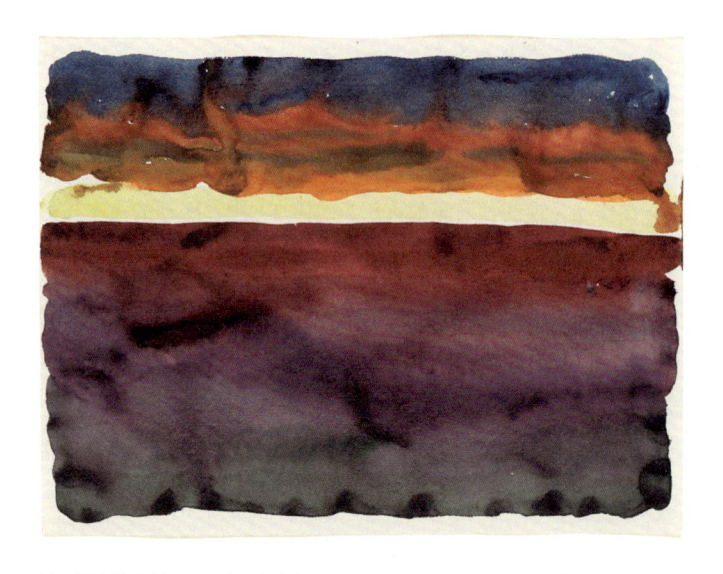

图4.《清晨的天空》，1916年，纸上水彩画，22.5厘米×30.5厘米。用兰黛基金会伦纳德和伊芙琳·兰黛基金、吉尔伯特和安·毛雷尔以及绘画委员会的资金购买。惠特尼艺术博物馆，纽约，美国（94.69）

期作品的主题。在她同年创作的《清晨的天空》（图4）中，一条浅黄色的光带横亘在肥沃的紫红色大地上。一道亮光打破夜晚的天空，将其渲染成橙色、血红色和靛蓝色，构成了充满生机与活力的混合色彩。欧姬芙运用水彩来描绘光线变化的能力，不仅表现了她和周围环境的融会贯通，也展现了她对于水彩颜料的运用自如。在《夜间沙漠里的火车》中，她通过水彩颜料和纸张留白来创作，成功地表达出一种模糊感。作品中，火车头喷出的大部分蒸汽并不是画出来的，而是纸张的留白。欧姬芙用寥寥数笔便勾勒出了蒸汽的体积感，使其与黑色的背景反衬相映，可见她已经学会如何巧妙地运用白色为画面增添明亮感。

1917年，斯蒂格利茨在他位于纽约的291画廊出售《夜间沙漠里的火车》。在此之前，斯蒂格利茨和欧姬芙频繁地进行着专业上的交流沟通，建立了良好的工作关系。不久，两人便坠入爱河。《夜间沙漠里的火车》是欧姬芙生活中众多时刻的缩影。在从教期间，伴随着年龄、专业度和游历经验的增长，她作为艺术家的实践水平相应提升。和当时的其他旅行者一样，欧姬芙熟悉铁路交通。她看着火车穿梭于乡间和城市近郊，乘坐火车隆隆前行，在车厢里给亲密的朋友和熟人写信，翻看火车的照片，并将火车作为自己的绘画主题（图5）。在她的画作中，火车成了一种现代化的象征、一种时代变革的象征，也是她一生居无定所的象征。欧姬芙早年游历广泛，1911~1918年，她曾先后在近十个城镇生活。她乘坐火车旅行，从美国中西部到东海岸，最后又乘着火车去西南部追求自己的艺术，可以说，火车在她的生命中扮演着重要的角色。更重要的是，和大峡谷中的其他事物一样，火车极具视觉冲击力，在绘画中可以被转化为近乎抽象的形式。和她同时期的其他水彩画一样，欧姬芙在《夜间沙漠里的火车》中仅捕捉了火车头最基本的特征。画面由几种简单的形式构成，每个元素都暗示着火车头的意象。欧姬芙并没有写实地画出火车，而是用自己擅长的线条、色彩及抽象元素的组合来表现火车。

《夜间沙漠里的火车》是本章的起点，也是回顾和展望的平台，记录了欧姬芙逐渐成长为成熟艺术家的过程。1916~1918年，欧姬芙在峡谷共创作了72幅水彩画（现存），《夜间沙漠里的火车》是其中之一。这些早期的水彩画是一条分界线，见证了一位女画家的蜕变。此前欧姬芙只是一名游历艺术家、学生和教师，不久后她便成了纽约名声显赫的油画家。如果说导师们塑造了欧姬芙观察世界的独特角度，那么她所处的环境则给她带来了不容忽视的影响。

欧姬芙的成长

欧姬芙在中学前后，经历了从一座城市搬迁到另一座城市的动荡岁月，从威斯康星州太阳草原搬到弗吉尼亚州威廉斯堡。在她十几岁时，家里迫于经济压力，举家迁往美国东部（图6）。伊丽莎白·梅·威利斯时任查塔姆圣公会学院的校长，她目睹了欧姬芙的自律和对绘画的热爱，于是建议欧姬芙毕业后前往芝加哥艺术学院学习（图7）。在威利斯的鼓励下，欧姬芙决定去读大学，而不是像其他大多数高中女生那样回归家庭、相夫教子，这在当时并不多见。不过，这就是欧姬芙的性格，对受教育的渴望体现出她的独立性，以及她将艺术变成职业的决心。欧姬芙在芝加哥时收获颇丰，但一直受到经济和健康问题的困扰，她因身患伤寒而卧床数月。关于那段时间，她几乎毫无记忆，唯有对疾病和季节保留了"奇怪的部分记忆"。[5]出于种种原因，欧姬芙不得不中途休学，但她从未停止学习，而是努力吸收更多艺术家所需的经验，并获得了教育资格证书。当时，对于一位年轻的女性艺

左图｜图5.阿尔弗雷德·斯蒂格利茨，《男子之手》，1902年，明胶银盐照片，8.9厘米×11.8厘米。阿尔弗雷德·斯蒂格利茨收藏，乔治亚·欧姬芙赠送。现代艺术博物馆，纽约，美国（23.1950）

右图｜图6.未知摄影师，佛朗西斯和艾达·欧姬芙在威斯康星州太阳草原的家，日期不详，照片，8.9厘米×8.6厘米。克劳迪娅·欧姬芙论文。乔治亚·欧姬芙博物馆，圣塔菲，新墨西哥州，美国（RC.1999.1.147）

下图｜图7.未知摄影师，乔治亚·欧姬芙在查塔姆圣公会学院与同学的合影，约1903年，明胶银盐照片，22.5厘米×35.2厘米。朱迪斯·莫里·蒂斯家族赠送。乔治亚·欧姬芙博物馆，圣塔菲，新墨西哥州，美国（RC.2005.1.2）

术家来说,教书意味着一条可行的职业道路和一份可靠的经济收入。

1907年,在威利斯的建议下,欧姬芙前往纽约艺术学生联盟,师从威廉·梅利特·蔡斯、佛朗西斯·路易斯·莫拉和凯尼恩·考克斯。该院校的风格偏向印象派和后印象派,注重态势绘画、解剖学和色彩理论,这些在欧姬芙的早期作品中均有呈现。后来,她将纽约艺术学生联盟推崇的绘画风格总结为"昏暗",这可能是她对自己早期作品中暗黑色调和厚重颜料的反省。[6]

在纽约期间,欧姬芙和其他学生一同前往第五大道291号的291画廊,参观法国艺术家奥古斯特·罗丹的画展。该画廊的正式名称是"摄影分离派小画廊",1905年由阿尔弗雷德·斯蒂格利茨和爱德华·斯泰肯共同创建,最初旨在展示画意摄影作品,后逐渐将展览内容扩展到包括欧洲和美国艺术家在内的现代艺术展。斯蒂格利茨是摄影分离派的灵魂人物,他创办了期刊《摄影作品》,策划展览,因将欧洲先锋派艺术引入纽约而声名鹊起。欧姬芙后来回忆道,自己曾批评罗丹的作品,因为那些作品不同于她在纽约艺术学生联盟学习的内容,她认为或许罗丹有时是闭着眼睛画画的。此时的291画廊已成为纽约市的现代艺术中心。[7]八年后,在斯蒂格利茨的支持下,291画廊开始代理欧姬芙的作品。[8]

欧姬芙凭借一幅死兔子的静物素描(图8)获得了著名的蔡斯奖,奖金让这位年轻的艺术家得以在纽约乔治湖畔的阿米托拉艺术集聚地继续学习。乔治湖位于阿迪朗达克山脉东南麓,40万平方米的广阔土地是无数艺术家和作家的灵感源泉,欧姬芙和其他20名学生一起在此度过了夏天。正是在乔治湖畔,欧姬芙创作了第一幅外光派作品,她随后称之为"夏季最好的作品"。[9]此时的她还不知道,斯蒂格利茨每年夏天都会在乔治湖畔的家里度过。

到了1908年,奖金无法再维持欧姬芙在纽约的学习,于是她不得不搬回芝加哥,并在那儿住了两年。那段时间,欧姬芙作为职业艺术家辛勤地工作,并以绘制插画谋生,这个决定日后却令她不安,因为她暂停了自己的艺术实践。一场麻疹迫使她搬回

图8.《无题(死兔子和铜壶)》,1908年,布面油画,48.3厘米×58.4厘米。纽约艺术学生联盟,纽约,美国

第一章 《夜间沙漠里的火车》:一位艺术家的蜕变

威廉斯堡，和父亲（多年来父亲的经济一直很拮据）一起生活。欧姬芙康复后，在母校查塔姆圣公会学院做了六周的教师，又前往夏洛茨维尔，几年前她的母亲和兄弟姐妹们从威廉斯堡搬到这里经营一家公寓。[10]

构图艺术

在夏洛茨维尔期间，欧姬芙就读于弗吉尼亚大学。1912年，该大学开始接收女学生，尽管只是在夏季学期。欧姬芙的姐妹艾达和阿尼塔利用这项新政策申请入学，并且鼓励她也这样做。欧姬芙在夏洛茨维尔的经历对她的性格形成深远影响，她在那里遇到了阿隆·贝蒙并跟着他学习。贝蒙彼时已是知名的美国艺术教育家，曾执教于哥伦比亚大学师范学院，他成了欧姬芙的良师益友。在贝蒙的指导下，欧姬芙学习到另一位著名艺术教育家亚瑟·卫斯理·道的理论。1912~1914年，贝蒙向欧姬芙介绍了道的美学哲学，鼓励她从周围环境中汲取灵感，并以一种和谐的方式重新诠释观察到的一切。贝蒙传授的大部分内容无疑是基于道的著作《构图：供师生使用的艺术练习系列》（下文简称《构图》），这本书是艺术教育的核心教材，贝蒙和欧姬芙均从此书中受益。

这本广为流传的书初版于1899年，欧姬芙第一次接触亚瑟·卫斯理·道的艺术理论时，该书已再版多次。1912年，该书修订至第七版，提供了来自东方和西方的最新教学案例和画作。[11]东方艺术对道影响巨大,尤其是日本艺术。19世纪末,道在波士顿美术博物馆担任欧内斯特·菲诺洛萨的助理,其间接触到日本艺术。菲诺洛萨早年在日本旅行时开始收藏亚洲艺术品,并开创了一套教学方法,这些都体现在了道的著作《构图》中。1922年,欧姬芙有幸参观波士顿美术博物馆的亚洲展区,甚至亲手拿起了古代玉雕件。[12]道从菲诺洛萨的理论中归纳出,整体结构中的每个部分都是相互关联的,它们之间的关系就像是音乐中的赋格(编者注:在一个声部上出现一个主题片段,再在其他声部上模仿这个片段,形成各个声部相互问答追逐的效果)。对道而言,"空间艺术"就像是视觉化的音乐。

在《构图》一书中,道认为"艺术应该通过构图来建立",或者说"和谐地建立",而非简单地"临摹"。他相信,现代主义艺术家们正在探索将构图本身作为一种美学主题的可能性,并借此反抗现实主义的传统。虽然道的艺术理念倾向于抽象,但他也明白从自然中获取灵感的重要性。艺术家的任务不是简单地复制眼前所见,而是观察自己所处的环境,辨明景物的空间关系。"有烟囱的屋顶、带有桅杆和帆的船只、树林"是《构图》中推荐的三种练习主题。[13]

道将线条、浓淡和色彩定义为艺术三原则,认为源于此范围内的美学案例是建立坚实美学基础的必要工具,这一工具将有助于绘画者更加全面地思考物体在空间中的位置,确定如何"分割空间及(构建)简单的明暗块面"。[14]一遍又一遍的构思构图非常重要,因为这能帮助绘画者更好地聚焦某个主题,在反复的尝试中明确物体的空间关系。欧姬芙从周围环境中寻找灵感，终生都在实践着道创作同一主题系列作品的理念。

在弗吉尼亚大学期间，欧姬芙将道的艺术理论和贝蒙的教导付诸实践，创作了一系列以鸭子为主题的水彩画，并发现了一种与她之前所学大相径庭的全新艺术方法。作品的创作灵感可能源自她在大学校园中的直接观察，鸭子为户外创作提供了现成的主题。在这些和明信片差不多大小的水彩画中，欧姬芙摒弃之前创作油画时的厚重笔触，展现出果敢轻盈的效果。水彩画采用大地色调，局部保留画纸的本色作为构图的基本元素，这一手法一直延续到她后期的得克萨斯风景画中。以对页的水彩画《无题（鸭子）》（图9）为例，欧姬芙用较深的颜色勾勒出鸭子的轮廓，而鸭子的身体部分则做了大量留白的处理。如同《构图》中的日本案例，欧姬芙在绘画中实践着极简主义，用近乎黑色的简洁笔触定义地面，营造出画面的空间感。

如果说以鸭子为主题的系列作品展现了欧姬芙对微观的关注，那她对于弗吉尼亚大学校园建筑的描绘则表现了她对宏观的关注。在此后的职业生涯中，这种把握微观和宏观的能力成了欧姬芙的标签。托马斯·杰弗逊设计的圆顶大厅坐落于校园原址的草坪上，欧姬芙师从贝蒙期间，以此为主题创作了至少两幅水彩画和一幅速写。三幅作品中，艺术家均从北侧正对这座新古典主义建筑进行描绘，通过大理石台阶的透视关系将观众的目光引导至圆顶大厅的三角山墙和柱廊前的托马斯·杰弗逊雕塑上。在其中一幅水彩画（图10）中，建筑的细节被清晰地勾勒出来，建筑

图9.《无题（鸭子）》，1912～1914年，纸上水彩画，8.9厘米×12.7厘米。乔治亚·欧姬芙基金会赠送。乔治亚·欧姬芙博物馆，圣塔菲，新墨西哥州，美国（2006.05.611）

图10.《无题（弗吉尼亚大学圆顶大厅）》，1912～1914年，纸上水彩和石墨，22.9厘米×30.2厘米。乔治亚·欧姬芙基金会赠送。乔治亚·欧姬芙博物馆，圣塔菲，新墨西哥州，美国（2006.05.616）

四周环绕的树木由墨绿色水彩晕染而成，构成了风景的框架。显而易见，欧姬芙在描绘树木时表达了一种自由感，体现了水彩介质的特性，使其填满了画面边缘。水彩自然地晕染开来，创造出水彩画常见的流血般的效果，与中心建筑的有序结构形成对比，使作品显得更加幽深和抽象，同时也描绘出弗吉尼亚潮湿气候下草木繁盛葱茏的景象。这些画作表明，当时大学校园是欧姬芙进行构图和绘画媒介实践的主要场所。正如欧姬芙所言："这时，我已经掌握了轻松使用油画颜料和水彩颜料的技巧，道在这方面给了我一些帮助。"[15] 欧姬芙认为道在常用媒介的使用上给予她的帮助具有深远的意义。在弗吉尼亚大学期间，欧姬芙对道的艺术理论的实践标志着艺术家走向成熟的一段历程，也成了她观察和绘画的基础。贝蒙见证了欧姬芙的成长，并邀请她在接下来的夏季学期前往弗吉尼亚大学担任自己的助教。

得克萨斯和纽约

再次与弗吉尼亚大学的贝蒙合作之前，欧姬芙在得克萨斯州阿马里洛公立学校担任绘画和书法指导一职。她离开了弗吉尼亚大学绿荫环绕、植被葱茏的风景，前往广袤、干旱的阿马里洛地区，在得克萨斯州大草原区和更宽阔的埃斯塔卡多平原开启了人生的另一个篇章。该地区曾是土著部落的居住地，比如科曼奇部落，后来他们通过国家的移民宅地政策移居他处。[16] 对欧姬芙来说，阿马里洛是一个全新的地方。她乘坐火车抵达后，入住位于波克街的木兰花酒店，该酒店以其不计其数的沙龙而被本地人和外国人熟知。

美国内战结束后，西得克萨斯成为养牛业的中心，这里生活着数百万头牛，是北方市场牛肉供应的主要来源地。1912年，当欧姬芙来到阿马里洛时，该地区人口已经增长到1.2万，拥有三条横贯大陆的铁路线［艾奇逊、托皮卡和圣塔菲铁路（系统代码ATSF），沃斯堡和丹佛铁路，芝加哥、洛克岛和太平洋铁路］，以及大歌剧院和奥林匹克剧院等文化中心。铁路为城市带来了广泛的商业流通，流通主体是牛，这也是城市主要的经济利润来源。城市布局呈现整齐的网格状，周边分布着火车站（图11）。一条笔直的大道——第六大街，不久便会与第66号公路并线，将芝加哥和洛杉矶连接起来。早在1908年，波克街就有了11千米长的电车轨道，之后该轨道向西延伸到芝加哥的圣哈辛托地区。[17]

24岁的欧姬芙来到蓬勃发展的枢纽城市阿马里洛，这座曾以养牛业为主的西部城市正在经历从木质建筑到砖砌建筑的转型。阿马里洛具备狂野西部的典型特征。欧姬芙到达的那周，临近街区就传出了谋杀案的消息，这与她小时候从母亲那儿听到的狂野西部故事如出一辙。[18]

当时的阿马里洛受制于现代化进程的不平衡发展，处于从农业到石油的经济转型阶段。城里熙熙攘攘、热闹非凡，欧姬芙却着迷于城外无边无际的平原。平坦的大地连绵不绝，一直延伸到阿马里洛24千米外的帕洛杜罗峡谷。峡谷有着经过数百万年时光雕刻的冲沟（编者注：水在地表冲刷形成的沟槽）和台地（编者注：四周有陡崖、顶面平坦呈台状的地貌），打破了平原地貌

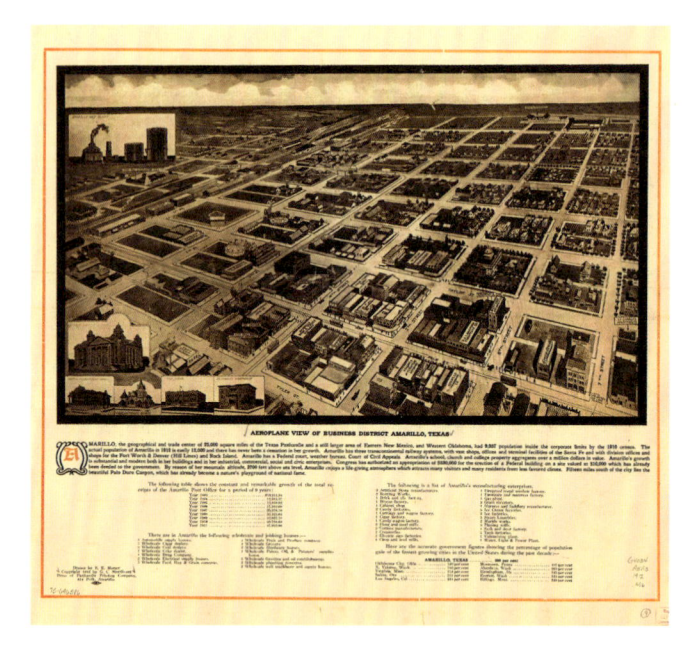

图11.阿马里洛城商业区鸟瞰图，1912年

的单调。条纹状的地貌和低矮的绿色灌木为人们提供了视觉上的缓冲，提升了峡谷景观的多样性。

　　欧姬芙兴致盎然地徒步，探索着这座城市及其周围环境，风尘仆仆地游走于荒草丛生的乡野间。在一张阿马里洛时期的照片（图12）中，欧姬芙身穿厚外套，头戴帽子，背景是荒凉的地平线，脚下的土地看上去比较松软，脚印似乎很容易就会被平原上大名鼎鼎的风吹散。她这样描述这里著名的阵风和广袤的旷野：

图12.未知摄影师,乔治亚·欧姬芙在得克萨斯,1912~1918年,明胶银盐照片,14厘米×8.9厘米。乔治亚·欧姬芙基金会赠送。乔治亚·欧姬芙博物馆,圣塔菲,新墨西哥州,美国(2006.6.731)

"这就是我的国度——可怕的风和奇妙的荒野。"[19]平原上既没有建筑物也没有植被可以用来划分视觉空间，天空和大地几乎占满了整个世界。欧姬芙将看上去似乎缺少风景的感知现象描述为"空"。只有牛群游荡的广阔平原与阿马里洛的繁荣喧闹形成了鲜明对比。然而，这里并非真的空空如也，它只是与周围的一切截然不同，也同欧姬芙在美国中西部和东海岸习以为常的一切截然不同。自此，欧姬芙开始往返于旷野的孤独和城市的喧嚣之间。这对立的两极不仅贯穿了她成年后的大多数时间，而且影响了她在创作时对正（满）负（空）空间的使用。

虽然欧姬芙常在给密友的信中表示自己对平原的"空旷"心怀敬畏，但她仍在学校里教孩子们如何填满空白的画面。由于画具匮乏，干旱的土地上也没有花朵可画，欧姬芙让学生们在纸上画正方形，并在正方形的某处画一扇门，以此来锻炼他们的构图能力。欧姬芙后来回忆道："我希望能借此让他们开始思考如何划分空间。"毫无疑问，这种方法是从"空间分割"法中衍生出来的，是一种预知练习。实际上，欧姬芙的美学观便是以此为基础的。几十年后，她以阿比丘家中萨利塔门为主题的系列作品，展示了自己对正方形和门的实践结果（图89）。直到那时，"分割空间"仍是欧姬芙最关切的问题，尤其是那些平原上的"空旷"之处。她没有直接使用正方形和门，而是借助建筑环境、地理构造和色彩来表达，通过这些架构工具将周围环境分割成独特的视觉区域和正负空间。几年后，她居住在得克萨斯州峡谷时期创作的水彩画中对这一点表现得尤为明显。

最终，欧姬芙仅在阿马里洛待了两年（1912～1914年）。其间的暑假，她均在弗吉尼亚大学担任贝蒙的助教。离开阿马里洛后，她搬到纽约，直接师从哥伦比亚大学师范学院的亚瑟·卫斯理·道。在纽约期间，她住在一套每月租金为四美元的闲置公寓里。尽管欧姬芙只在这里住了一个学年，但她仍然见证了纽约的变迁，当时的大都市纽约与新兴城市阿马里洛一样正处于转型期。羊群在布鲁克林区展望公园里游荡，麦迪逊广场花园则充斥着汽车、双轮马车和无轨电车。广告大量涌现在砖砌建筑的外墙上，即使摩天大楼的数量与日俱增，这些视觉化的信息依旧引人瞩目（图13）。与此同时，纽约的快速交通，即地铁系统，就像那些照亮街道的电线一样，将城市的不同部分连接起来，形成由各个节点组成的网络。

除了在科技和城市化方面取得的长足进展，在文化领域，纽约也见证了一波先锋派艺术的新浪潮。一战前，纽约就引入了现代主义，这无疑有助于艺术界接纳欧姬芙在战后的绘画作品。欧姬芙到纽约的六个月前，纽约因为开创性地举办现代艺术展"军械库展"而热闹非凡。"军械库展"的名字源自其展地纽约第69兵团军械库，展览的正式名称为"国际现代艺术展"，在第25和26街之间的莱克星顿大街举行，由美国画家和雕塑家协会组织举办。该协会由艺术家沃尔特·昆和亚瑟·B.戴维斯领导。展览于1913年2月17日向公众开放，向广大纽约市民展示了抽象画发展的激进走向，之后前往芝加哥和波士顿巡展。

军械库展在18间展厅中展出了1300件绘画和雕塑作品（图

上图 | 图13.低沉的纽约天际线，1904年
下图 | 图14.夜间的百老汇和先驱广场剧院，1907年

图15.未知摄影师，陈列作品的特写照片：弗朗西斯·皮卡比亚、莫里斯·德·弗拉曼柯、巴勃罗·毕加索、安德烈·德兰和马塞尔·杜尚，1913年。芝加哥艺术学院，芝加哥，伊利诺伊州，美国（5313 FF2, FF2a）

15），并根据创作时间对艺术作品进行了排序。在这种展示方式下，艺术仿佛处于从现实主义到非客观主义、从一个世纪到下一个世纪的演变过程中。尽管阿尔弗雷德·斯蒂格利茨曾在早些时候公开呼吁要推进摄影分离派，但他没有在军械库展上展出自己的作品，而是担任名誉副主席（与梅布尔·道奇、杰克·加德纳夫人、克劳德·莫奈和奥迪龙·雷登一起），以大家熟悉的画廊经营者的身份来推广其他艺术家的作品，并且出借自己的艺术藏品用于展会。

无论是赞誉还是批评，展览都给习惯了现实主义画作的美国民众带来极大的震撼。尽管欧洲艺术被推崇为现代主义艺术的典范，但在本次展览中，美国艺术品占据了总展品数的三分之二以上。在欧洲艺术家中，马赛尔·杜尚展出了《走下楼梯的裸女2号》（1912年），该作品在媒体上掀起轩然大波。《走下楼梯的裸女2号》源于立体主义，打破了传统的画面构图，没有具象地再现裸女，而是用一种令人眼花缭乱的方式排列图案，抽象地表现了裸女的层叠影像沿画面对角线走下楼梯的场景。在这幅作品中，杜尚将裸女走下楼梯的动作分解成离散、独立的部分。随着杜尚与现实主义渐行渐远，他开始对观众习以为常的对象进行"去熟悉化"处理，转而提供一个由肢体动作组成的视觉万花筒，用一种创造性的、激进的方法来描绘令人敬畏又不快的躯体。参与展览的艺术家包括乔治·布拉克、瓦西里·康定斯基、罗伯特·德劳内、费尔南多·莱格、弗朗西斯·皮卡比亚、巴勃罗·毕加索、约翰·马林、玛丽·卡萨特、奥斯卡·布鲁姆那、伊迪丝·迪茉克等。

　　参展的大部分作品将有机会成为纽约现代艺术博物馆的藏品。然而，对于那些青睐新古典主义等传统艺术形式的纽约人而言，军械库展像是一根激发出嘲笑和蔑视的避雷针。《纽约时报》甚至将《走下楼梯的裸女2号》描绘为"一场破败工厂的爆炸"。有些媒体甚至还将该作品重新命名为"粗鲁地走下楼梯"（地铁的高峰时间），以嘲讽画面中破碎的块面。[20]抛开媒体的负面报道，军械库展为20世纪的现代主义者打开了大门，其中就包括欧姬芙，她的视觉语言正从直接的现实主义向抽象主义发展，尽管她自己从未刻意去选择某一种特定的表达方式。她的艺术作品表现了她是如何看待主题的，有时带有明显的现实主义特征，有时则不那么鲜明。在那个年代，欧姬芙是为数不多的兼具两种艺术风格的艺术家。对斯蒂格利茨而言，军械库展是"轰动一时的成功，可能首先是一场人们感官层面的成功"。[21]的确，这场展览的影响是极大的，展示了颠覆感知的艺术形式。尽管受到大众和媒体的反对，军械库展还是为广大观众带来了一种全新的、更加叛逆和无政府主义的艺术实践，这种艺术实践需要借助对艺术的放纵和主观感受来解读。

军械库展离开纽约后，斯蒂格利茨（图16）继续在291画廊展出巴勃罗·毕加索、乔治·布拉克和约翰·马林的作品。欧姬芙和好友安妮塔·普利策经常会乘电车拜访291画廊。普利策是哥伦比亚大学的学生，也是知名的妇女参政论者。这些展出的作品并没有让欧姬芙感到震撼，但她知道，她所看到的是一批新浪潮艺术家们以一种决绝的勇气创作出的作品。在欧姬芙寻找属于自己的视觉语言时，观赏这些展示画家自我意识的作品是有启发性的。[22]这种观赏对欧姬芙而言非常重要，因为她已经下定决心投身于绘画。普利策评价道："即使在那个时候，欧姬芙也很与众不同。她的色彩总是最鲜艳的，调色板总是最干净的，画笔总是最好的，她似乎能轻而易举地做到这些。"[23]欧姬芙经常去看崭露头角的现代艺术家们的作品，因此她在师范学院拼写和教学原理方面的成绩并不太好，但是显而易见，作为一名艺术家，她正在纽约迅速成长。然而，1915年春天，接到母亲去世的消息后，欧姬芙又一次离开喧嚣的城市，回到弗吉尼亚州夏洛茨维尔

图16.爱德华·斯泰钦摄,阿尔弗雷德·斯蒂格利茨在291画廊,1915年,树胶重铬酸盐铂版印相,28.8厘米×24.2厘米。大都会艺术博物馆,纽约,美国(33.43.29)

哀悼自己的母亲。后来，她前往南卡罗来纳州哥伦比亚大学女子学院任教。

虽然欧姬芙再次离开了纽约及那里的激进艺术，但她仍通过《大众》、《摄影作品》（图17）、《291》（图18）等期刊关注着它们。实际上，在夏洛茨维尔，欧姬芙收到了以斯蒂格利茨291画廊命名的《291》杂志的创刊号，封面是由弗朗西斯·皮卡比亚以斯蒂格利茨为原型创作的"机器化"肖像，皮卡比亚是一位为了躲避战争而来到美国的法国艺术家。欧姬芙从中深受启发，继而索取了杂志的第二期和第三期。在杂志内容的激励下，她继续阅读了康定斯基的《论艺术的精神》，又名《精神和谐的艺术》。[24]康定斯基在书中讲述了一种艺术的联觉方法，即人们可以通过色彩描绘非视觉的感官，比如音乐。不仅如此，康定斯基还希望通过绘画将纯粹的艺术情感表现出来。[25]康定斯基的理论与道的"视觉音乐"理念不谋而合，引起了居住在南卡罗来纳州的欧姬芙的共鸣，欧姬芙说色彩能给她带来听音乐般的兴奋："户外的景色、花朵、一个人、一个故事，或者其他任何事物，都会像音乐一样影响我，唤起我的创作灵感。"[26]声音、情感和艺术成为相互联结的统一体。康定斯基关于艺术能够描绘情感的主张对欧姬芙很有吸引力，尤其是她在哥伦比亚大学执教期间，那时候她已不再受任何人的影响，甚至包括道在内，尽管她在给普利策的信里依然亲切地称呼其为"道爸爸"（图19）。在一封写给普利策的信中，欧姬芙写道："对我而言，用语言来描述事物总是很难，我不知道这样做是否疯了，你知道就算是疯了我也不介意，但有时

图17.爱德华·斯泰钦,《摄影作品》第二期,1902年

图18.马吕斯·德·扎亚斯,《291》第一期(291把它的门闩扔回去),1915年

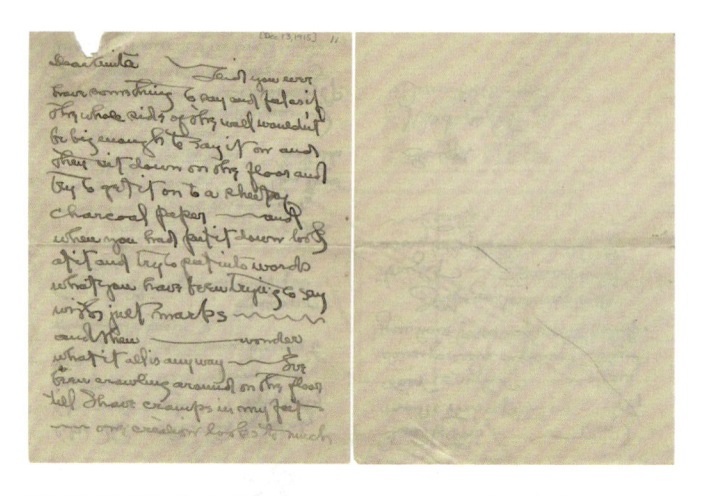

图19.欧姬芙写给安妮塔·普利策的信,1915年12月15日。阿尔弗雷德·斯蒂格利茨和乔治亚·欧姬芙档案,耶鲁美国文学作品收藏,拜内克古籍善本图书馆,耶鲁大学,纽黑文,康涅狄格州,美国

我还是会这么想。"欧姬芙不喜欢当地的保守氛围,几乎每天晚上她都会在大学的工作室里画到手脚发麻,创作了一系列能抒发情感的抽象炭笔画。该系列被命名为"特别"。[27]

1915年,欧姬芙创作了《特别系列9号》(图20)。这幅画高约63厘米,宽近50厘米,描绘了呈斜角向后退去的火焰形状。画面下方是一层层涌动的波浪,上方则悬挂着大颗水滴。和她同时期的水彩画一样,欧姬芙在白纸四周画上了边框。在边框内,被火焰和烟雾吞没的景观将抽象图案挤压到画面左上角,营造出一种急迫感。她也借此表达了自己将绘画和艺术视为另一种

图20.《特别系列9号》,1915年,纸上炭笔画,63.5厘米×48.6厘米。梅尼勒艺术馆,休斯敦,得克萨斯州,美国

沟通形式的渴望。欧姬芙曾问普利策:"你是否有过这样的经历?一面墙都装不下自己想说的话,只能坐在地板上尝试用图案表达。对我来说,用语言描述事物真的很难。"[28]这样的经历对欧姬芙而言并不罕见,例如,她无法用文字描述自己头痛的感觉,于是只能用炭笔画出来,创作了《特别系列9号》。炭笔画非常适合

用于表现动荡不安的状态，无论是身体上的还是精神上的。欧姬芙希望通过意象来传递这种感觉，这与康定斯基用艺术表达纯粹情感的理念不谋而合。

欧姬芙对于向他人展示自己的作品感到矛盾，因为她担心作品不被理解，但她认为"比起其他人，我更希望作品能得到斯蒂格利茨的认可——任何我的作品……"[29] 1916年1月，普利策向斯蒂格利茨展示了几幅欧姬芙的炭笔画，后者顿时被作品传递的情绪和表现方法吸引。同月，他和欧姬芙开始密切通信，在信中深入探讨日常活动、艺术哲学、天气，以及彼此在共同圈子里发展的友谊（图21）。5月，斯蒂格利茨在未告知欧姬芙的情况下于291画廊展出了她的作品，欧姬芙获悉后十分恼火，然而斯蒂格利茨令她相信这已成了她必须履行的责任。在全球冲突和经济压力的笼罩下，291画廊很快就永久性关闭了。当画廊迎来最后一位参观者时，美国刚刚向德国宣战。欧姬芙搬到距离得克萨斯州阿马里洛20千米远的峡谷后，继续创作自己从南卡罗来纳开始的"特别"系列，该系列作品串联起了南卡罗来纳和得克萨斯这两个截然不同的地区。

平原景象

《特别系列15号》（图22）延续了《特别系列9号》中的视觉语言，是一种对帕洛杜罗峡谷的抽象演绎。在这幅炭笔画中，高原呈现出犹如子宫的特征，大地仿佛展现了一片隐藏的秘密田

上图｜图21.阿尔弗雷德·斯蒂格利茨写给欧姬芙的信，1917年1月27日。阿尔弗雷德·斯蒂格利茨和乔治亚·欧姬芙档案，耶鲁美国文学作品收藏，拜内克古籍善本图书馆，耶鲁大学，纽黑文，康涅狄格州，美国

下图｜图22.《特别系列15号》，1916年，米白色直纹纸炭笔画，47.9厘米×61.9厘米。用保罗·托德·马克勒博士及其夫人的赠礼（通过交换）购买，资金来源于约翰·J.F.谢尔德先生及其夫人捐献的基金。费城艺术博物馆，费城，宾夕法尼亚州，美国（1997-39-1）

野，欧姬芙通过厚重的黑色外壳将它与其他景观分隔开来。环状结构以及该地区常见的灌木形状飘浮在峡谷壁上，占据了画面的主要位置。独特的扁平状云朵盘旋在画面上方，呈现出类似"铺路石"的形状。[30]欧姬芙对云朵的描述着实独特。多年后，在描绘从飞机舷窗望出去的云层时，她再次采用了这种表现方式（图92、图93）。不久后，欧姬芙用油画再现了《特别系列15号》，保留大部分构图，仅调整云朵的形状。在油画版本《特别系列21号》（又名《帕洛杜罗峡谷》，图23）中，她使用了大量的红色、橙色和黑色颜料。峡谷在深蓝色天空的映衬下，犹如橘色的灰烬。欧姬芙可能从马斯登·哈特利的作品中获得了一些启发，哈特利在同期作品里展现了类似的黑暗情感和艳丽色彩的组合。画作场景的灵感肯定源自当地景观，但火山岩浆般热烈的色彩，与实际地貌有所偏离。

《特别系列21号》描绘了一个由内而外闪亮的帕洛杜罗峡谷，但欧姬芙初次乘火车进入峡谷时看到的只是一个有着2500人口的平凡小镇。欧姬芙是西得克萨斯州立师范学院艺术系的负责人，也是该系唯一的教员，月薪150美元。欧姬芙教授的科目包括绘画、工业设计、服装设计、室内设计和公立学校的绘画教学方法。

欧姬芙很快就对峡谷居民有了定论。不同于她对自然景观的大加赞赏，她需要一些时间来适应当地人。在抵达首日，她描述当地人是"在美妙平原上一些令人不爽的存在"。最初，她认为峡谷居民似乎"有损"这个"美好的国度"。[31]居住一段时间后，

图23.《特别系列21号》(又名《帕洛杜罗峡谷》),1916~1917年,木版油画,33.9厘米×41厘米,新墨西哥艺术博物馆,圣塔菲,新墨西哥州,美国(1993.51.1)

欧姬芙对峡谷居民仍持有一种矛盾的态度。她认为自己的学生很可亲,甚至会专程买一些书籍与他们分享,但其他教员和当地居民十分保守,是欧姬芙口中的"一群伪君子"。这种感受是相互的,一些镇上的居民批评欧姬芙的"波希米亚风格",尤其是她经常着一袭黑衣和厚鞋,举止无视礼仪。[32] 欧姬芙随心所欲地游走、发表言论,她认为"活力"是指充满热情和灵感地去生活,这番解释震惊了学生和同僚。她希望通过让学生们走出教室、走进自然风景,将这种"活力"传递给当地的居民。[33]学生们欣赏她的非常规做法,但镇上的大部分居民只是普通农民,而非艺术家和女权运动者,对于何为礼仪有着非常传统的执念。当时,欧姬芙已经加入致力于争取妇女选举权的全国妇女党,广泛涉猎多个学科,在生活和艺术方面有着明确的立场,因此她认为峡谷居民是"对任何艺术都一无所知的小人物"。[34]尽管对峡谷居民颇有微词,她依然表示自己将永远留在峡谷,或者至少待到被解雇为止。

在小镇里,欧姬芙确实比较另类,她经常坐在门廊上作画,将材料直接摆放在地板上,一如她在南卡罗来纳创作时那样。她租住的房间阳光充沛、装饰简单,她非常喜欢在房间里拉小提琴。[35]当时的社会对女性的行为有着各种各样的限制,但欧姬芙不止一次提到自己曾与在此生活和工作的男性调情。在没有女性陪同的情况下,她与男子一起散步或驾车出游。[36]欧姬芙的所有言行皆无视传统条条框框的约束,她公然鼓励学生们到户外去观察和探索,通过各种方式去接纳所见与所感。在这一点上,欧姬芙与道如出一辙,旗帜鲜明地反对临摹,支持对外部事物保持感官上的开放态度。欧姬芙对镇上居民的部分信仰持批评态度,她还曾谴责一名出售反德言论明信片的店主。1917年,美国宣布参加第一次世界大战,战争进入白热化阶段。欧姬芙认为,即便她的哥哥加入了为1917年夏法国战场组建的工程师军官营,在当地居民眼中自己仍是一个"不爱国"的人。[37]

尽管欧姬芙意识到自己和当地居民格格不入，但她仍然活力四射、精力充沛。她迷恋得克萨斯大草原的天空和旷野，喜欢随心所欲地和他人一起散步或驾车出游。她经常一天徒步十千米，或者和朋友一起去峡谷游玩探险（图25）。在一次徒步中，她发出响亮的"战斗呐喊"来回应四周景色，震惊四座。[38] 离开阿马里洛两年后，欧姬芙重回平原，过去那些面对旷野时的敬畏之情再次浮现。恰如她所说，"美妙绝伦的天际线"是一条"恢宏的线，是天地交汇之处，别无他物，绝对别无他物"。[39] 空旷是大草原最突出的特征，在欧姬芙不断地审视空间中物体的关系时，这一特征令她振奋。天空与大地的比例，以及看似无垠的地平线，激发了大量绘画作品的诞生。以1916年创作的水彩画《清晨的天空》（图4）及《日出和微云2号》为例，我们可以看出，欧姬芙在创作小幅画作时也会专注于描述恢宏的平原和遥远的天地交会点。在《清晨的天空》中，大地从深紫色渐变为深紫红色，占据了三分之二的画面。在《日出和微云2号》中，天空布满了犹如波浪般起伏的云彩，云彩一直延伸到前景处，与土黄色的地面接壤，土地上墨色阴影纵横交错。

欧姬芙为地平线倾心，却对小镇持不同态度。和对峡谷居民的调侃一样，欧姬芙对当地建筑也持有矛盾的看法（图26）。在她眼中，峡谷建筑毫无吸引力，甚至是丑陋的。镇上的房屋多带有护墙板，没有地基，就建在混凝土砌块上，并不赏心悦目。由希尔斯公司快速批量建造的房子看起来长得一模一样，道路连通"各个街区"。[40] 欧姬芙虽不喜欢这些建筑，却欣赏其整齐划

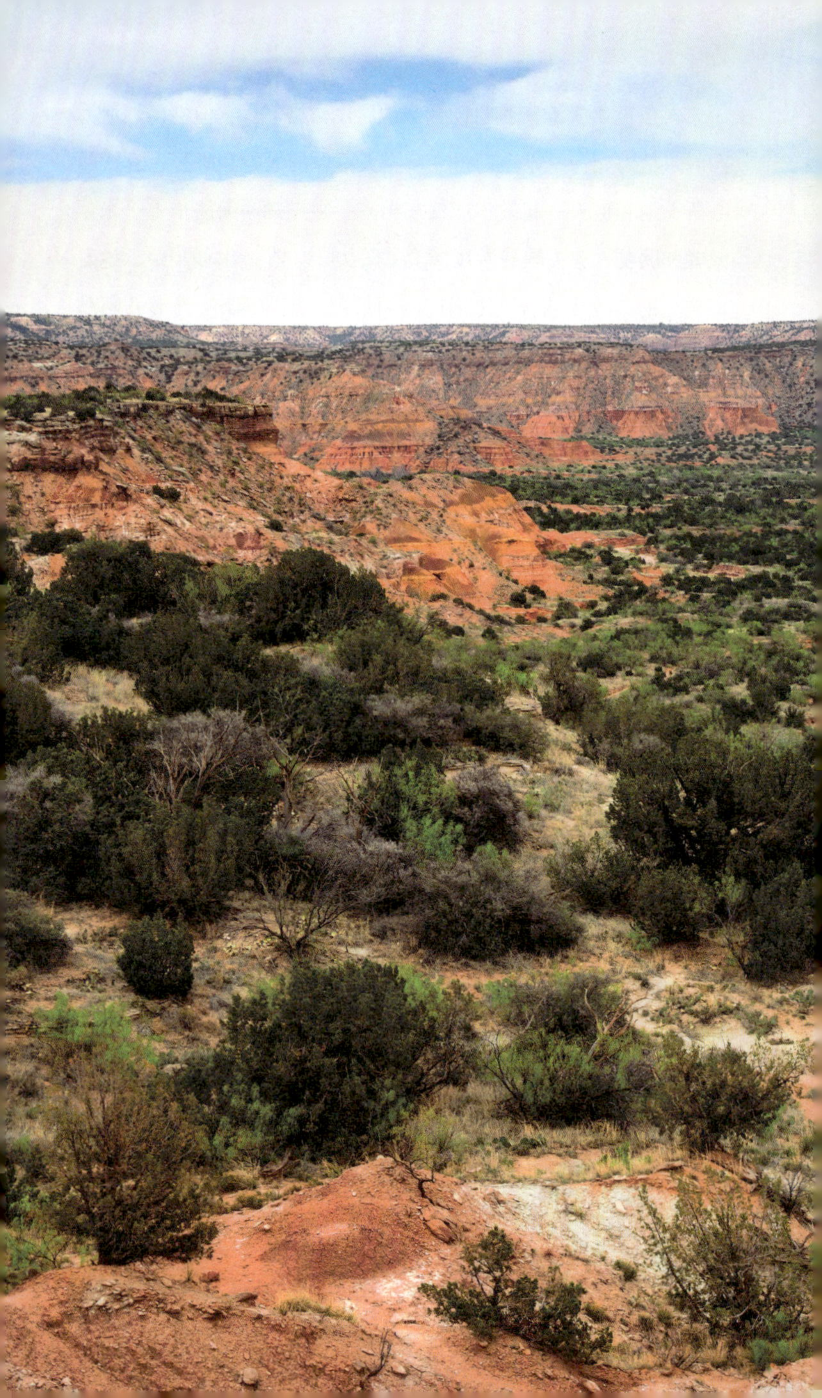

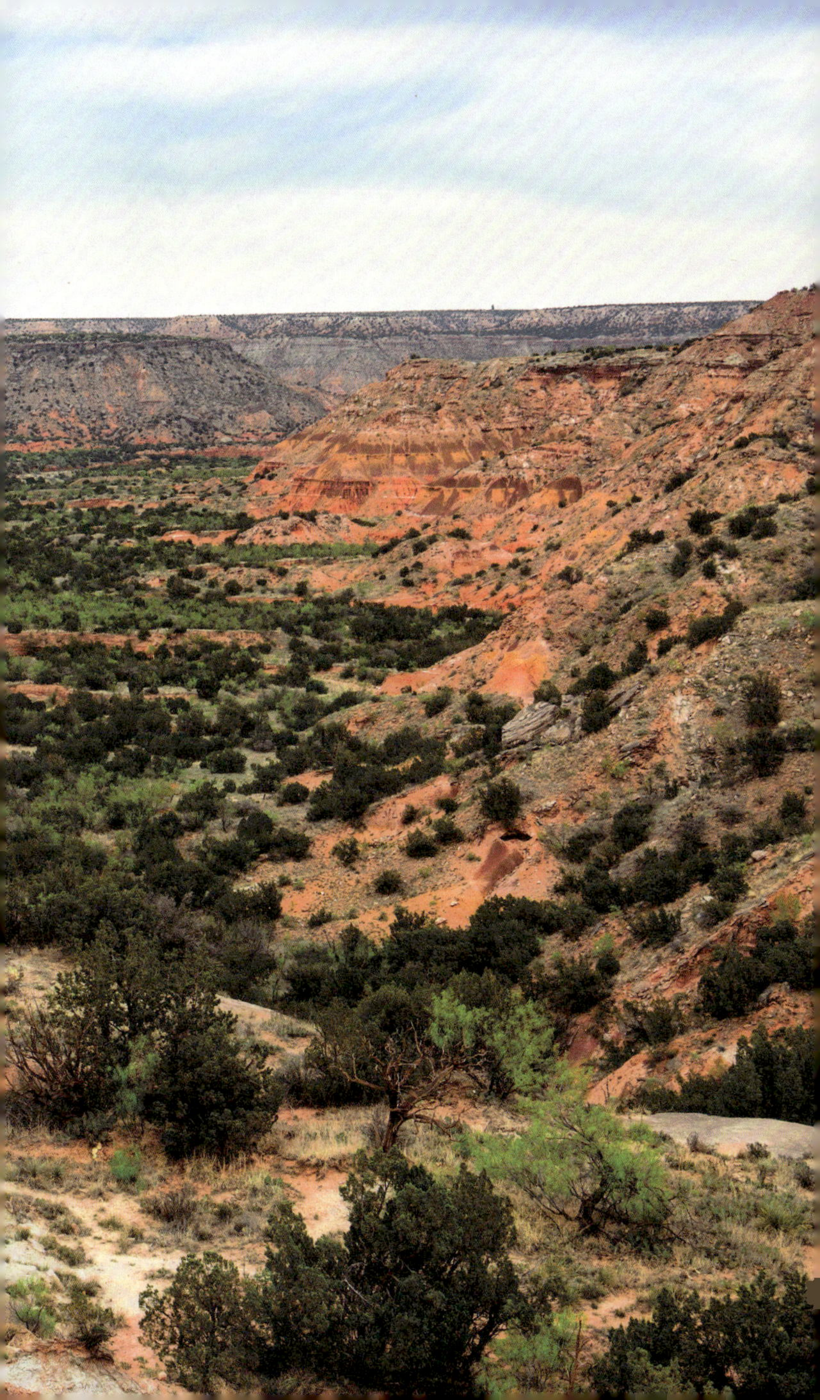

上页跨页图｜图24.得克萨斯州帕洛杜罗峡谷国家公园

上图｜图25.未知摄影师，乔治亚·欧姬芙（右一）和友人在得克萨斯徒步，1912~1918年，明胶银盐照片，8.9厘米×6.3厘米。乔治亚·欧姬芙基金会捐赠。乔治亚·欧姬芙博物馆，圣塔菲，新墨西哥州，美国（2006.6.0749）

图26.乔治亚·欧姬芙在得克萨斯峡谷,1916~1918年,明胶银盐照片,10.2厘米×7.6厘米,乔治亚·欧姬芙基金会捐赠。乔治亚·欧姬芙博物馆,圣塔菲,新墨西哥州,美国(2006.6.724)

图27.《积雪的屋顶》,1917年,纸上水彩画,21.8厘米×29.8厘米。国家艺术基金、阿马里洛地区基金、阿马里洛艺术联盟、范尼·韦茅斯、圣塔菲工业基金会和玛丽·芬恩购置。阿马里洛艺术博物馆,阿马里洛,得克萨斯州,美国

一的特质,或许是因为她接受了道的建议,开始从建筑环境和本土建筑中寻找作品素材。屋檐等元素是道极力推荐的作品素材。1916年冬,欧姬芙创作了《积雪的屋顶》(图27),画面主体是倾斜的屋顶右角,映衬在淡蓝色的天空下。紫红色水彩颜料画出的雪呈现出一种圆润的云朵形状,落在宝蓝色的屋顶上。欧姬芙赋予笔直的屋檐以蕾丝花边般的外形,扇形造型和天空形成了有趣的正负空间和鲜明的明暗对比。这幅作品的色彩可以归结于

画家情感的融汇，也可以归结于日落时分阳光照射在白雪上的方式。不同于以往戏剧化的日落景象，欧姬芙在给普利策的信中写道："低矮丑陋的建筑物和风车……看上去挺有型的。"[41]实际上，她至少有两幅作品以风车为主题，它们都以布满大块云的灰白色天空为背景，勾勒出风车纤细的垂直剪影。白天，当太阳照亮建筑物和地面时，小镇显得比较难看，在欧姬芙看来甚至是丑陋的；但是在清晨和黄昏，当她有闲暇进行绘画和探索的时候，余晖会在天空、景观和建筑上演绎出光彩夺目的色彩交响乐。欧姬芙被太阳升起或落下时燃烧的天空吸引，同时被短暂时光里更加微妙的光线变化俘获。这种光线变化形成了鲜明的光影对比，就像她画的风车剪影一样。

缺乏户外绘画主题时，欧姬芙会将目光转向自己的身体，并以不同的形式描绘自己的裸体，如《裸体系列8号》（图28）。在这幅自画像中，欧姬芙坐在卧室里，两腿交缠，上身微倾，背景采用了浅淡的粉色系。该系列作品让人联想到奥古斯特·罗丹在近十年前创作的水彩画，画中的裸体者也摆出了类似的姿势。1908年，斯蒂格利茨在291画廊展出了罗丹的裸体作品，其中就包括《跪坐的女孩6号》。[42]展览举办时，欧姬芙就读于纽约艺术学生联盟，观展后她不屑一顾地说道："这些画都是涂鸦。"而如今她的自画像看起来与罗丹当年的作品如出一辙。[43]直到1949年，这些作品都保存在斯蒂格利茨的收藏中。后来，欧姬芙在处置斯蒂格利茨的遗产时声称，罗丹的画是所有收藏中最有趣的部分。[44]

图28.《裸体系列8号》,1917年,纸上水彩画,45.3厘米×34.3厘米。贝内特基金会和乔治亚·欧姬芙基金会捐赠。乔治亚·欧姬芙博物馆,圣塔菲,新墨西哥州,美国(1997.04.11)

欧姬芙这一时期的作品是对个人审美的探索，同时也受到了种种其他因素的影响，包括特殊景观对她感官的影响，以及他人对她视觉语言的影响，如道和罗丹。这些早年的作品表现了欧姬芙广泛的灵感来源。她甚至受到保罗·斯特兰德照片的影响，创作了《无题（抽象/保罗·斯特兰德肖像）》（图29），描绘了一个漂浮在蓝绿色海水中的海马状物体。欧姬芙居住在峡谷时，与斯特兰德通信频繁，透露出一种亲密感，在斯蒂格利茨成为她的挚爱前，两人关系暧昧。事实如何已无法考证，但两人的友谊为彼此带来了新的创作灵感。就像现代主义艺术家马吕斯·德·扎亚斯和弗朗西斯·皮卡比亚为斯蒂格利茨创作的抽象肖像画一样，欧姬芙也为斯特兰德画了一幅肖像。这幅肖像并没有描绘斯特兰德的外在身体特征，而是表达了欧姬芙对这位崭露头角的摄影师及其作品的感受。后来，欧姬芙写到她是如何"看人"的：

> 有的人让我看到了形状，有的人则让我看不到任何东西，即使是我爱的人。我画过一些类似摄影作品的肖像画，并犹豫要不要展示那些画。对我而言，它们非常真实，但它们以抽象的形式出现，没有人知道它们究竟是什么。[45]

欧姬芙的大部分画作都是由内而外的创作，即内在感官和外在特征的结合。有时，她会用前者来替代后者，比如她将人视作形状，然后在画作中用形状来替代人。当她反思自身情况和所处环境时，她画作的内容变得格外广泛，这是她内心动荡不安的写照，也体现了其他艺术家对她的影响。

图29.《无题（抽象/保罗·斯特兰德肖像）》，1917年，纸上水彩画，30.5厘米×22.5厘米。贝内特基金会和乔治亚·欧姬芙基金会捐赠。乔治亚·欧姬芙博物馆，圣塔菲，新墨西哥州，美国（2007.01.004）

CHAPTER 2

第二章
《来自远方、近在咫尺》
来自远方的纪念品

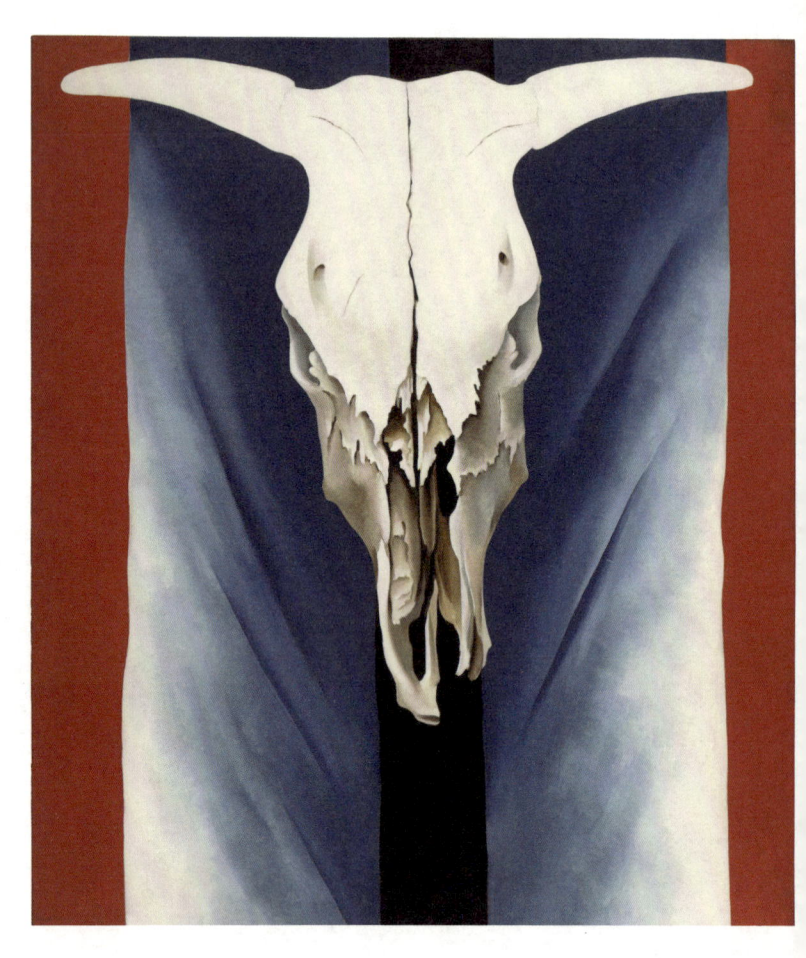

图30.《牛头骨：红、白、蓝》，1931年，布面油画，101.3厘米×91.1厘米。阿尔弗雷德·斯蒂格利茨藏品。大都会艺术博物馆，纽约，美国（52.203）

1931年，欧姬芙以美国国旗的颜色为背景，画了一个多孔的锯齿状牛头骨。在《牛头骨：红、白、蓝》（图30）中，艺术家展示了她对于饱经风霜的下颌骨和鼻骨区域的仔细分析，让观众得以窥见分层骨骼的结构。中空的头骨，呈现出从白色到赭色和褐色的暖色调，与贯穿画作中央的黑色条纹形成鲜明的对比。一条裂缝将头骨从中间一分为二，与画面两侧的红、白、蓝三色垂直色带相呼应。尽管欧姬芙抽象地表现了蓝色地面上的织物褶皱，但头骨仍是画面中最立体的元素，强势地闯入观众的视野。

这幅作品归属于一系列以动物骨头为主题的画作，如羚羊头骨、马头骨、骨盆、脊椎骨和股骨。这些沙漠中的死亡纪念物成了欧姬芙多样化、独特的静物画主题，也成了其他摄影师作品中有关欧姬芙的主题，包括斯蒂格利茨、安塞尔·亚当斯和约翰·坎德拉里奥。他们在这些象征性的物品旁为欧姬芙拍照，进一步将她的形象和声誉与饱经风霜的西部联系起来。1929年，在内特·索尔斯伯里的女儿丽贝卡·索尔斯伯里·斯特兰德（后简称贝克·斯特兰德）的陪同下，欧姬芙进行了首次长时间旅行；此后，她更是经常在新墨西哥州的高原沙漠中散步，寻找可用作绘画素材的骨头。丽贝卡是"鲍福勒·比尔西部野外演出会"的创建者，1922年成为保罗·斯特兰德的妻子。那次旅行后，欧姬芙开始收集沙漠中各异的动物标本，并将其视为西南部旅游的纪念品。她收集了大量藏品，并一直保存在自己身边，直到去世。在新墨西哥州购置房产后，欧姬芙将这些头骨作为装饰品挂在房间内，或者像当地人一样挂在屋外的窗台上。在她的画作中，头骨似乎"悬浮"在有着平面图案的地面上方的视觉空间中。在画作《鹿头骨与皮德农山》（图31）中，鹿头骨被悬挂在一棵树上，但在其他大多数画作中，那些骨头会在干旱背景的映衬下悬浮在空间里。欧姬芙以这种方式将她每日散步时收集到的头骨重置于半抽象的画布中。这些艺术作品反映了她对于美国西南部的热爱，这种热爱在欧姬芙停留得克萨斯州时期登峰造极，在新墨西哥州时期开花结果。这些画作，特别是《牛头骨：红、白、蓝》，彰显了欧姬芙在美国现代派圈子中的突出地位。

欧姬芙在《牛头骨：红、白、蓝》中以图像化的形式表现美国国旗，并没有讽刺意味，而是顺应了当时美国艺术家在作品中添加国家主义的趋势。正如她所写：

> 我到达乔治湖后，画了一张牛头骨的画，接着画了一张牛头骨，然后又是一张牛头骨。牛是阿马里洛非常重要的构成部分，以至于我无法想象那里没有牛将会变成怎样。我在画画时会想到在美国东部看到的城里人，他们总是高谈阔论，说要写一部伟大的美国小说、伟大的美国戏剧或伟大的美国诗歌。我不太确定他们是否会向往伟大的美国绘画，他们一直在谈论塞尚的作品，这让我觉得伟大的美国绘画甚至不像是一个可能的梦想……我对国家一腔热血，但当时，几乎所有名人贤士都会选择在欧洲生活，他们甚至不愿意住在纽约，那又如何诞生伟大的美国绘画呢？所以，在画牛骨时，我将背景涂成蓝色，并告诉自己："我要画一幅美国绘画。他们可能认为画面两侧的红色条纹不怎么样——红、白、蓝——但他们会注意到这一点。"[1]

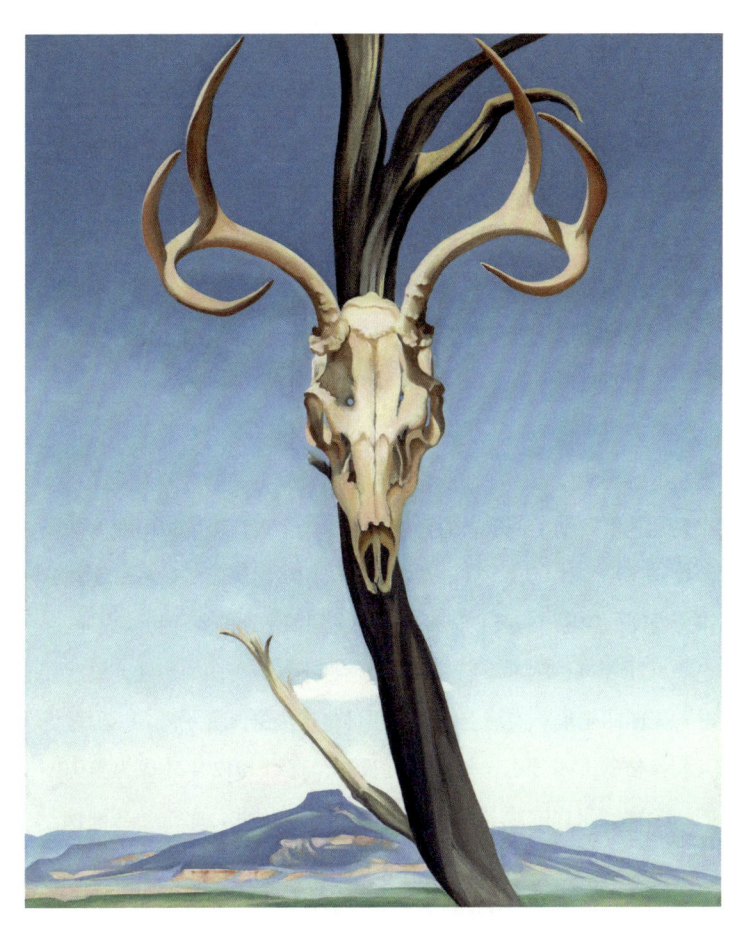

图31.《鹿头骨与皮德农山》，1936年，布面油画，91.4厘米×76.5厘米。威廉·H.莱恩基金会捐赠。波士顿美术博物馆，波士顿，马萨诸塞州，美国（1990.432）

上文中，欧姬芙提到了各类"伟大的美国"事物，表明在美国，20世纪30年代初是绘画和艺术家聚焦的时代。这个时代为欧姬芙的人生和第一次世界大战后的美国艺术发展开启了新的篇章，也是艺术家们背离欧洲和欧洲美学根源的时期。虽然军械库展一度带来了欧洲艺术热潮，但到了20世纪20年代，艺术家们开始寻求创作具有独特美国特色的作品。工艺美术运动吹响了本土主义艺术的战斗口号，一些艺术家从美国西南部印第安人和西班牙裔人（墨西哥混血儿）的文化中寻找灵感，另一些艺术家则将目光投向美国乡村的绿色景观，就如同大萧条时期地方主义画家在描绘中西部时所做的一样。在这样的大背景下，欧姬芙为美国现代主义艺术贡献了一己之力，提供了一个令人信服的美国西南部印象，那是一处充满矛盾的地方。她采用美国国旗的颜色，使其作为爱国的象征，与死亡以及新融入美国的土地的象征相映成趣。

几十年来，艺术家们一直将西南部描绘成美国的边疆，最后融入美国的土地。实际上，新墨西哥州这块由西班牙裔人、土著人和盎格鲁人占领的土地争议度很高，直到1912年才成为美国的一个州，仅比欧姬芙的画作约早19年。因此，无论是基础设施还是语言（继续使用西班牙语和多种土著语言），在很多方面，西南部都仍处于美国化的进程之中。在西南部，成为美国人并非易事，因为种族、殖民主义和民族的历史迭代深刻地定义了这里的地域性特征。1880年，艾奇逊、托皮卡和圣塔菲铁路（后简称ATSF铁路）建成，为游客和移民在东西海岸及西南部之间的沟通搭建了桥梁，使他们得以熟悉这片充满异域风情的土地和人民。

新墨西哥州和当地人依然保留着这里的地域特征，美国化为这一区域带来了新的观众，包括波希米亚艺术家们和富有的实业家们。

从更加个人化的角度来看，这些画作暗示了欧姬芙在西南部和东海岸之间的季节性旅行，以及由这种旅行形成的一种生活方式，在二战后的很长一段时间内，欧姬芙的生活都是这样一分为二的。众所周知，自1918年后，欧姬芙都是冬天待在纽约，夏天待在乔治湖畔，到了1930年，在欧姬芙与斯蒂格利茨结婚的六年后，她开始在新墨西哥州度夏。在欧姬芙宏大的人生地图中有着许多停靠站。显然，《牛头骨：红、白、蓝》是对新墨西哥州的一种暗示，但正如她所说，这幅作品是以她在旅行中收集的骨头为灵感，在乔治湖畔创作的。欧姬芙通过货运火车将"成桶的骨头"运往东部，并将这些新墨西哥州的纪念物收藏了起来。借由这些纪念物，她精心创作了能够证明她曾经多次涉足那片土地的画作。这种对西南部的独特观察视角由来已久。[2]

欧姬芙成为美国现代主义艺术家，因其对周围直接环境的描写和对所处之地的思考而闻名。她和西南部的联系显而易见，这种联系在后来的岁月中变得更加深刻。不过，目前欧姬芙对于当地的看法，就像在《牛头骨：红、白、蓝》中一样，来自距离感。在乔治湖畔，她以运回的骨头纪念品为灵感作画，体现了她对一个地方的反思，这个地方也因旅行而变得弥足珍贵。这幅作品在形式和概念上都早于另外一幅名字充满诗意的骨头画——《来自远方、近在咫尺》（图32）。在这幅1937年的作品中，一个羚羊头骨悬浮在由条状山丘构成的景观中心，鹿角在淡粉色的天空

图32.《来自远方、近在咫尺》,1937年,布面油画,91.2厘米×102厘米。阿尔弗雷德·斯蒂格利茨藏品,1959年。大都会艺术博物馆,纽约,美国(59.204.2)

中层层叠叠。这幅作品营造出一种近乎神秘的氛围,因为它展示了一个尺寸远大于风景的头骨,这是对空间的一种调控。在这幅作品的空间安排中,头骨近在咫尺,而风景则来自远方,这无疑是作品标题的来源。就欧姬芙而言,"远方"描述了她面对广阔原野时产生的特别的孤独情绪。从另一个角度看,《来自远方、近在咫尺》表达了欧姬芙对于多个如家一般的地方的真实情感,从纽约到新墨西哥。当某一处家或者地方近在咫尺时，另一处却在远方被牵挂。这种近与远之间的张力在这幅画和其他画作中成为一种含蓄的主题，反映了欧姬芙作为一个旅行者的视角和生活方式。

每一幅作品都是欧姬芙人生新阶段的象征，比如《夜间沙漠里的火车》（图3），这些画作为我们了解欧姬芙的一生提供了有利的视角。在这一时期，斯蒂格利茨将欧姬芙引入了自己在画廊培育的艺术家和文人的圈子里。欧姬芙举办了第一场个人画展，并继续发展自己的风格，从水彩画转向油画。她依旧实践着道的理论，从周围环境中汲取灵感，无论是摩天大楼还是花朵。欧姬芙的画作主题宽泛，但总体上显示出一种趋势，即挑战观众的思维定式，以不同的视角来看待平凡和非凡的事物。她关注盛开的花朵和即将凋谢的花朵，也同样要求别人这样做。她说，自己的绘画实践就是让不为人知的为人所知。[3]可以说，欧姬芙人生的这一篇章见证了她如何成长为完全成熟的艺术家——从她与斯蒂格利茨的合作到逐渐分离，再到她对完全自主的渴望。

乔治湖

1918年，欧姬芙大病初愈后回到纽约。当时，斯蒂格利茨已经是欧姬芙的密友和导师，十分担心她的健康状况，就派保罗·斯特兰德去得克萨斯接她回来。欧姬芙在那年6月回到纽约，住在斯蒂格利茨侄女伊丽莎白的工作室里。工作室在第59街，位于安德森画廊后面的一栋褐色砂石建筑内。伊丽莎白依照自己在乔治湖畔家中对花朵的观察，将工作室刷成橙色和黄色。多年后，欧姬芙依然坚信，留在纽约是一个转折点。她决定不再返回得克萨斯，全力投身于绘画创作。这仿佛是在宣告与得克萨斯的彻底诀别，她将自己的画作，包括居住在峡谷时期创作的许多水彩画都运到了纽约。经过筛选，她保留了部分作品（其中不少被她终身保留），并丢掉了一些作品。欧姬芙写道："我记得一幅画了许多蜀葵的大幅水彩画伸到了垃圾桶外"，并讲述了其他丢弃的作品被风吹出垃圾桶、散落在街道上的场景，但她毫无留念。[4]

不久后，欧姬芙和斯蒂格利茨之间的友谊变成了亲密的情侣关系，在随后几年里，这段爱恋呈现出多种形式：激情、启发、不安和有害。斯蒂格利茨比欧姬芙年长23岁，是纽约最著名的画廊的老板，是现代摄影的先驱，也是纽约先锋艺术的支持者。而欧姬芙只是一个籍籍无名的艺术家，不久前她还认为自己将在得克萨斯从事教学工作。尽管两人看似相去甚远，但还是走到了一起。当时，斯蒂格利茨已经结婚25年，他的女儿凯蒂正在读大学，后来被诊断为精神分裂症。斯蒂格利茨热烈地追求欧姬芙，即使这可能让他长期稳定的家庭变得分崩离析。

他们早期的结合为斯蒂格利茨带来了大量的作品。在充满激情的新伴侣的启发下，斯蒂格利茨在第一年里就拍摄了100多张欧姬芙的肖像作品。有些是欧姬芙的裸体照片，斯蒂格利茨对其进行剪切重组，以表现他感受到的爱欲。还有一些照片中欧姬芙则正常着装，在自己的"特别"系列炭笔画（图33、图34）前摆出造型。在这些肖像作品中，欧姬芙接受了严肃艺术家的人设，

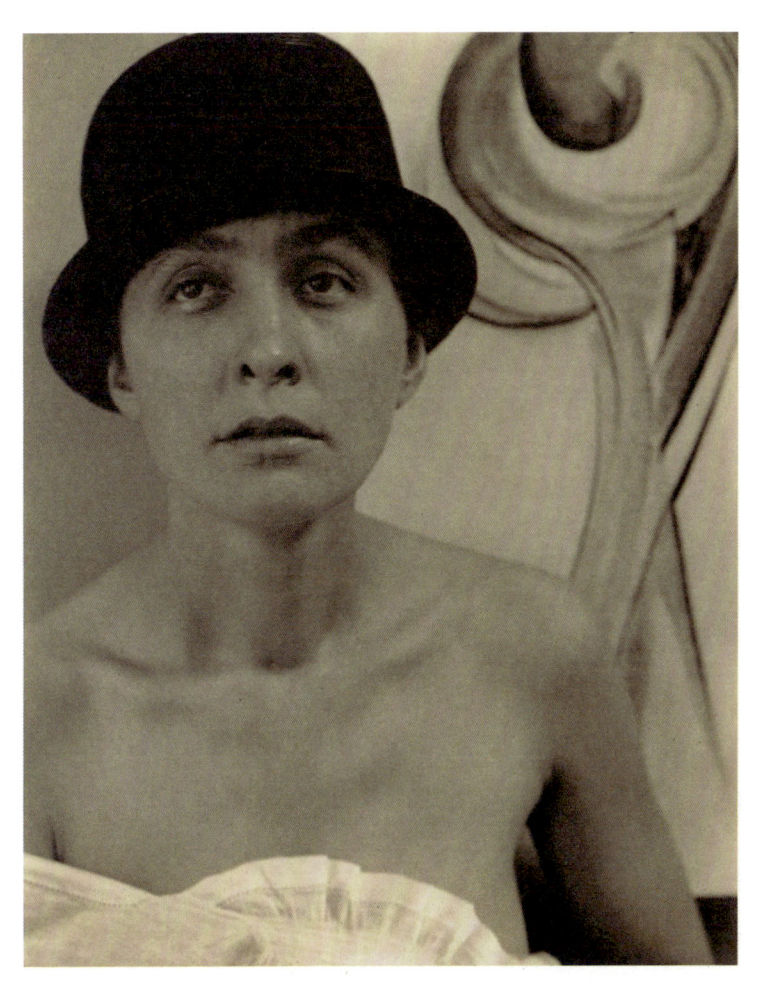

图33.阿尔弗雷德·斯蒂格利茨摄,乔治亚·欧姬芙,1918年,钯金印相,24.5厘米×19.2厘米。大都会艺术博物馆,纽约,美国(1997.61.6)

图34.阿尔弗雷德·斯蒂格利茨摄,乔治亚·欧姬芙,1918年,钯金印相,23.5厘米×18.4厘米。乔治亚·欧姬芙基金会赠送。乔治亚·欧姬芙博物馆,圣塔菲,新墨西哥州,美国(2003.1.2)

并就此开始塑造自己的形象——一种带有沉思气息的简朴形象。在接下来的几十年里,欧姬芙成了那个时代被拍照最多的艺术家。40多位摄影师紧随斯蒂格利茨,为她拍摄照片,尽管他们从来没有像斯蒂格利茨那样亲密地注视她。在斯蒂格利茨拍摄的早期照片(该系列一直持续到1937年)中,欧姬芙学会了展示个性,掌握了如何调整自己的面部位置和角度。她会特意穿深色系的服装,这种颜色在黑白胶片中会形成更强的视觉对比效果,很少有人拍到她穿着色彩鲜艳或带有图案的服装。在照片中,欧姬芙看起来从容、清醒,这在那个时代却是古怪反常的表现。在镜头前,她享受着自己这些年来塑造的形象,直到生命最后一刻,她依然坚持自我塑造的形象。1921年,斯蒂格利茨在纽约安德森画廊展出了这些摄影作品。从展出的照片中可以看出,他将欧姬芙视作现代主义的缪斯,这是一个斯蒂格利茨在两人亲密生活空间内外都推崇的角色。

正如其他人所观察到的,这个时期标志着两人之间创新性美学对话的开始。欧姬芙受到斯蒂格利茨的影响,开始通过切割主题达到抽象的效果。她在斯蒂格利茨的摄影作品中找寻都市风景、摩天大楼、路灯和港口,并将其作为自己众多绘画作品的灵感来源。随着两人关系愈发紧密,欧姬芙的审美同样深刻地影响了斯蒂格利茨。[5]1923年,他们明确关系短短几年后,斯蒂格利茨展出了一系列云朵摄影作品,名为《音乐:十张云彩照片序列》。他希望瑞士裔美国作曲家欧内斯特·布洛赫看见这些照片时会惊呼:"音乐!音乐!天呐,为什么那是音乐?你是怎么做到的?"

Lake G / July 10/29

I have destroyed 300 prints to-day. And much more literature. I haven't the heart to destroy this. Give it to Taos. — To that part that no one can ever see: — Georgia! —

图35.未知摄影师,欧姬芙和斯蒂格利茨在纽约乔治湖家门外相拥,1929年,贴在纸上的照片,附有手写说明。阿尔弗雷德·斯蒂格利茨和乔治亚·欧姬芙档案,耶鲁美国文学作品收藏,拜内克古籍善本图书馆,耶鲁大学,纽黑文,康涅狄格州,美国

然后布洛赫会指着小提琴、长笛、双簧管、铜管乐器……[6]就像欧姬芙表达了自己对音乐和绘画的热爱一样,斯蒂格利茨也在寻找一种捕捉多感官体验的视觉手段。

最初几年,两位艺术家深深地激发了彼此的创新和创作热情,尤其是欧姬芙搬回纽约,以及1918年随斯蒂格利茨一起在乔治湖家中度夏的时光,两人的创作成果格外丰富。在这两处地方,欧姬芙接触了不同的风景和令人无法抗拒的绘画主题。1918年8月,欧姬芙和斯蒂格利茨乘坐火车前往乔治湖。斯蒂格利茨的父亲在19世纪80年代末购买了此处的房产,房子坐落于西南海岸线上,可远眺阿巴拉契亚山谷的葱茏群山(图36)。当欧姬芙从纽约市乘坐四小时火车到达特拉华和哈德逊客运站时,她面对的是一座熙熙攘攘的旅游小镇,电车载满成群的游客,蒸汽船和机动船挤满了水域(图38)。和在其他居所一样,欧姬芙热衷于徒步旅行,喜欢探索斯蒂格利茨庞大的庄园及其四周环境。在那里,她目睹了花朵的盛放和农作物的收获,收集了在秋季来临时变成橘红色的叶子。她将贝壳和其他小纪念品带回工作室,工作室由废弃建筑改造而成,爱称为"棚屋"。和在其他地方一样,欧姬芙将所有东西,从玉米穗、树叶、苹果到小块鹅卵石,都画在画布上。她尝试不同的绘画结构,采用广角和裁剪两种视角来描绘历经风雨侵蚀的老谷仓。她在拔地而起的成年橡树上寻找灵感,共创作了29幅以树木为主题的水彩画和油画作品。[7]欧姬芙还十分关注天上的白云和远处起伏的湖水,分别从白天和夜晚、户外和窗户的角度,描绘湖面景色。《暴雨云,乔治湖》(图39)表

图36.阿尔弗雷德·斯蒂格利茨摄,乔治湖畔的房屋和树木,1932年,明胶银盐照片,18.6厘米×23.6厘米。乔治亚·欧姬芙基金会赠送,乔治亚·欧姬芙博物馆,圣塔菲,新墨西哥州,美国(2003.1.22)

图37.纽约乔治湖

上图｜图38.纽约乔治湖上的豪瑞肯轮船，1900年

下图｜图39.《暴雨云，乔治湖》，1923年，布面油画，45.7厘米×76.5厘米。贝内特基金会赠礼。乔治亚·欧姬芙博物馆，圣塔菲，新墨西哥州，美国（2007.01.018）

现出暴风雨即将到来的情景,这是乔治湖在夏季和秋季的常态。两人共同居住在乔治湖畔的第一个夏季,斯蒂格利茨为欧姬芙拍摄了一些罕见的工作照。在照片(图40)中,欧姬芙坐在地上,套着厚毛衣,头发松散地向后梳着,手持水彩笔刷,腿边放着一杯水,就像道在其书中建议的那样。欧姬芙的表情让人感觉到斯蒂格利茨和相机的出现是意料之外的事。欧姬芙习惯于画画时独处,在"棚屋"(图41)中,她获得了喘息的时间,得以将斯蒂格利茨家的事情暂且抛在一边。

在此期间,欧姬芙与斯蒂格利茨家族的园丁唐纳德·戴维森关系密切。戴维森是伊丽莎白·斯蒂格利茨的丈夫,精通水果、蔬菜和花卉的栽培方法。欧姬芙成了他的学生和朋友,观察他如何让休眠状态的植物重获生机。欧姬芙还尝试亲自进行种植,她在写给艾迪·斯提海墨的信中提到了自己遇到的麻烦:"土拨鼠啃咬移栽的向日葵,马铃薯虫吃掉了马铃薯藤,冰雹摧毁了西红柿、豆子和玉米……为了使房屋的视野更开阔,他们砍掉了唯一一棵早熟苹果树的顶部,现在却疑惑为什么我们没有苹果酱。"[8]尽管欧姬芙的花园、菜园和果树经常麻烦不断,但她在搬到新墨西哥州后仍继续着自己的种植爱好,在一片宽敞的菜园里种植新鲜的有机农作物。戴维森特别喜欢花卉种植,不过,这只是全国花卉热的缩影,这股热潮源于美国西海岸一位名叫路德·伯班克的植物学家。从19世纪末开始,伯班克开发了数百种植物,并将这些植物发表在自己的植物志上。正如艾琳·科所写,植物志里经过剪裁的彩色花卉图片与欧姬芙充满个性的花卉作品相映

上图 | 图40.阿尔弗雷德·斯蒂格利茨摄,乔治亚·欧姬芙,1918年,明胶银盐照片,9厘米×11.7厘米。乔治·伊斯曼博物馆,罗切斯特,纽约,美国

下图 | 图41.《我的棚屋,乔治湖》,1922年,布面油画,50.8厘米×68.9厘米。菲利普斯,华盛顿特区,美国

成趣,形成了有趣的并行现象。在伯班克花卉狂热拥趸者戴维森的帮助下,欧姬芙在乔治湖畔种下了第一批矮牵牛花。《矮牵牛花2号》(图42)是欧姬芙创作的大幅布面花卉作品之一。[9]

在这幅作品中,淡紫色的牵牛花处于底部的中间位置,背景采用灰色调。近距离观察,可以看见标志性的五瓣星状花朵,以及向花瓣交接处延伸的雌蕊。另一朵牵牛花悬浮在空中,像是日出时爬上山顶的太阳。欧姬芙用近乎极致的方式近距离地描绘花朵,花瓣几乎完全是抽象的形状,这可能是园艺经验给她带来的启发,这种启发源于她已经具备了良好的近距离观察能力。尽管这些作品被弗洛伊德式地解读为过度女性化的作品形式,但显然,欧姬芙仅仅是将自己常用在其他主题上的构图方法运用在了花卉主题上而已。她经常练习一种视觉分析方式,一方面深入观察,另一方面对其形式进行解析提炼。在"天南星"系列中,欧姬芙围绕同一种花创作了好几个版本(图43)。在连续的系列中,描绘的图像总是变得越来越抽象。在乔治湖畔看到天南星的那个春天,欧姬芙创作了六幅同一主题的作品。第一幅作品非常写实,最后一幅作品仅带有天南星花蕊隆起的特征。[10]欧姬芙认为弗洛伊德式的解读有曲解之意,她自身对此类解读并不认同:"好吧,是我让你们花时间来见我所见,但你们将所有自己对于花的理解附加在我的花上,解读我的花朵,好像我对花朵的所思所见和你完全一致,然而我们并不相同。"[11]的确,正如欧姬芙所说,那些用弗洛伊德理论来理解她作品内涵的人,其实只是将自身期待的东西投射到了她的作品上,将个人解读强加在她的创作上。后

图42.《矮牵牛花2号》，1924年，布面油画，91.4厘米×76.2厘米。伯内特基金会、吉拉德、凯瑟琳·彼得斯赠送。乔治亚·欧姬芙博物馆，圣塔菲，新墨西哥州，美国（1996.03.02）

来欧姬芙澄清说,她描绘花卉就是想要让观众,尤其是繁忙的纽约人,能够暂停一下,用这种原本就理所当然的视角来观赏层层叠叠的花瓣和色彩变化。

当欧姬芙在"棚屋"以在乔治湖搜索到的素材为灵感创作时,斯蒂格利茨在另一处曾经是温室的小型建筑物中冲洗照片。欧姬芙以这座白色建筑物为主题创作了一系列不同的作品,其中一个版本甚至是在斯蒂格利茨去世后创作的,作品的重点是建筑物外立面与门外旗杆的对称关系。在该系列作品中,旗杆高高地耸立到画布的最高点,将画布分割为面积几乎等同的两部分。在旗杆的右侧,箭头形状的风向标以一种柔和的角度在对角线的位置指向上方。画面中间的黑色矩形在各版本中都非常突出,看上去像是一扇门,其实是一个入口,由于建筑物的内部是黑色的,因此"这扇门在打开时,门内始终是黑色的"。[12]该系列作品看上去描绘的是一个对观众封闭的建筑物,其实是在表达希望观众关注神秘的斯蒂格利茨"化学实验室"之意。在作品《旗杆》(图44)中,被一轮光环环绕的明月悬挂在旗杆上方的夜空中,其创作时间早于欧姬芙以阿比丘家萨利塔为主题的画作《我最后一扇门》(图89)。值得注意的是,欧姬芙在阿比丘家中的萨利塔门是黑色的,当门关上时,会产生和乔治湖暗室类似的效果。不可否认,无论象征的是开放还是封闭、内部还是外部,黑色矩形都

对页图 | 图43.《天南星5号》,1930年,布面油画,121.9厘米×76.2厘米。阿尔弗雷德·斯蒂格利茨收藏,乔治亚·欧姬芙遗产。国家美术馆,华盛顿特区,美国(1987.58.4)

是欧姬芙视觉语库的主要词汇。欧姬芙仿佛试图用自己储藏室的门模仿暗室效果，在不同时期的两座不同建筑物之间创造出一种视觉上的类比联系。她为自己和斯蒂格利茨的两处居所创作的作品，使得这种联系更加紧密。

纽约

尽管欧姬芙认为从乡村搬到城市会削弱她感官的敏锐度，让她"随着时间流逝而愈加愚笨"，但城市街道的几何形状、建筑物内外灯光投射的图案还是为她的绘画提供了新的主题。[13]欧姬芙在纽约的工作并非仅仅是销售作品，而是将纽约作为一个全然不同的视觉研究对象，去理解它的复杂性。她曾经在一封信中写道："纽约一直盘旋在我的头脑中。"这证明了去理解一个由众多部分构成的整体是多么困难。事实上，欧姬芙相信"如果我一直住在这里关注它"就会更容易理解它。她虽然也曾在纽约居住过，但和斯蒂格利茨共同居住在纽约的日子似乎唤起了她的一种不熟悉感。欧姬芙不是土生土长的纽约人，却找到了那些未被涉及过的绘画素材，她相信无论最终创作出什么都会是全新的内容。欧姬芙将城市系列称作"纽约"系列，并称其"将会引发颠覆性的变化"。[14]

《月下的纽约街道》（图45）是欧姬芙的第一幅城市主题作品，描绘了第47街。艺术家从第59街一头的公园大街走起，经过地铁，最终发现自己站在第46和47街高楼间的空隙之处，欧姬芙从这个空隙看见了著名的希尔顿酒店。她在和斯蒂格利茨搬离最初居住的第59街褐石建筑，以及后来和斯蒂格利茨哥哥李合住的第65街东60号后，就搬到了希尔顿酒店。希尔顿酒店建成于1924年，是一座34层高的大楼，展现了设计师亚瑟·卢米丝·哈蒙的才华，这位设计师还设计了帝国大厦。

欧姬芙开始画纽约的建筑，以此证明自己能描绘复杂的主题。她写道，当她首次表露对描绘城市主题的兴趣时，人们告诉她这是"一个不实际的想法，即使男人也很难处理好这类主题"。但她并没有被吓退，而是以自己在第46和47街间看到的场景为灵感，创作了绝妙的作品。作品采用仰视的视角，垂直的红色建筑在蓝绿色的天空中轮廓分明，形成了显著的明暗对比，以及正负空间的变换。和描绘暗室时一样，欧姬芙以光线为中心，月亮从画面左上角的云层中露出脸来。在这幅作品中，电灯发出的人造光以近乎光晕的效果散射到查塔姆酒店（该酒店现已拆除）的外立面上。欧姬芙对于这种铸铁灯柱的拱形设计和卷曲图案情有独钟。20世纪早期，主教弯曲式灯柱装点了纽约的街道，这幅作品中的灯柱就是一个例子。[15]次年，这幅作品以1200美元售出。[16]

当欧姬芙在这座大都市中寻求灵感时，她居然见证了纽约历史上令人难以置信的重要时刻：1916年，城市规划者推出了世界首部分区法。1915年，纽约衡平法院大厦建成后，纽约人开始担心这些无限扩张的摩天大楼是否会遮挡自然光线。为了缓解这种担忧，城市规划者颁布了根据街道宽度来确定建筑物规模的法规。不仅如此，摩天大楼的外部还出现了富有特色的艺术装饰，如希

上图｜图44.《旗杆》，1925年，布面油画，88.9厘米×46厘米。伯内特基金会和匿名捐赠者赠送。乔治亚·欧姬芙博物馆，圣塔菲，新墨西哥州，美国（1997.02.01）

对页图｜图45.《月下的纽约街道》，1925年，布面油画，177厘米×122厘米。卡门·迪森-波儿奈米绍收藏。姆赛奥·迪森-波尔奈米绍尼米萨收藏，马德里，西班牙（CTB.1981.76）

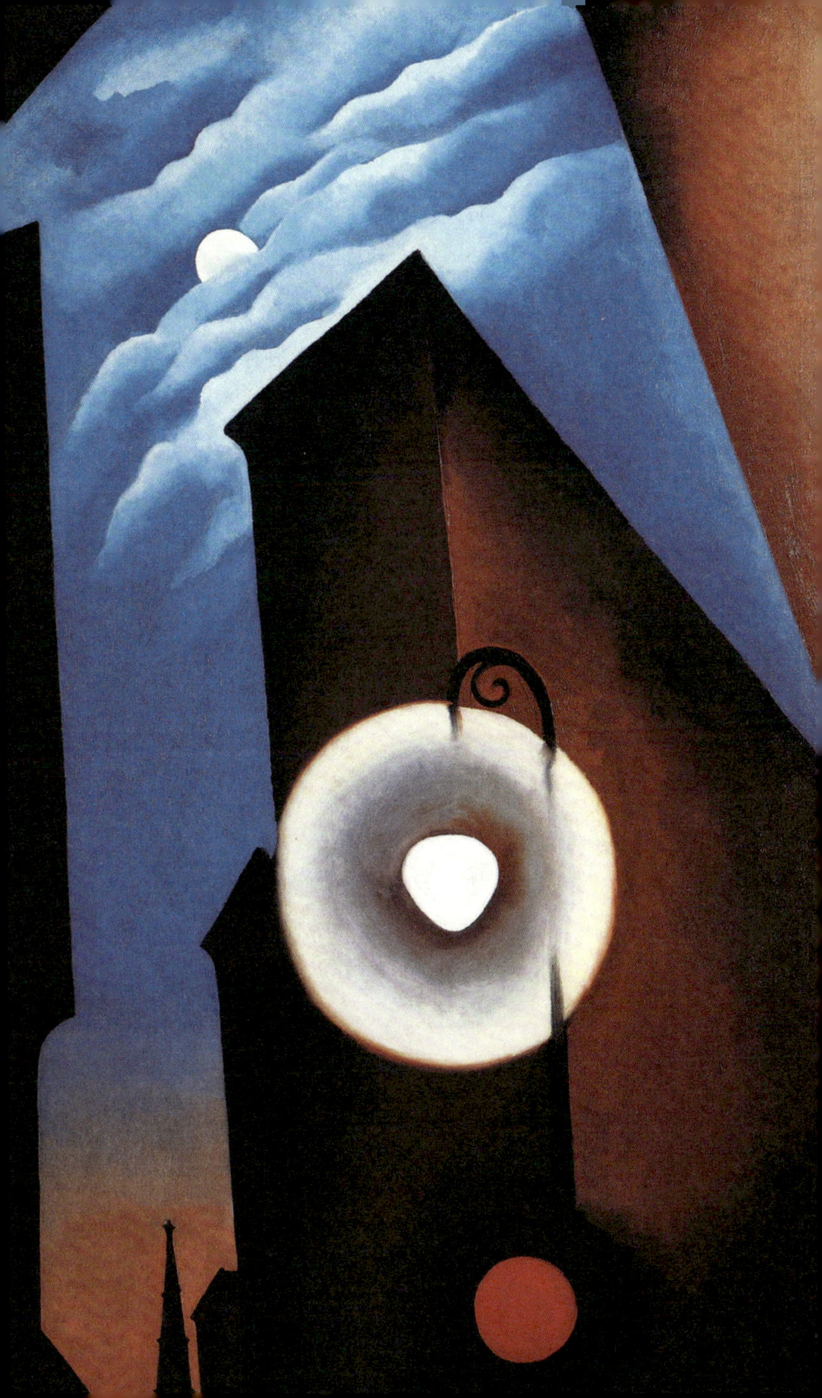

尔顿和美国散热器大厦。建筑师们将建筑顶部设计为多层次同心斜面，从而减少了建筑对市民的压迫感。如此，阳光明媚、空气流通，在地面行走的人都可以感受到立竿见影的效果。

在作品《阳光斑驳的希尔顿，纽约》（图46）中，欧姬芙描绘了新建的希尔顿酒店，表现了刚通过的分区法的直接影响，展现了希尔顿酒店装饰艺术风格的阶梯状楼梯在阳光照耀下变得模糊的样子。画面背景为浅灰白色的天空，建筑右侧低悬的清晨太阳散发出强烈光束，这束阳光的穿透力如此强劲，以至于希尔顿酒店的右侧显得模糊不清。"一天早晨，在开始创作前，我走出去，正好看到希尔顿酒店由于视错觉仿佛右侧被太阳咬了一口，光斑布满了建筑物和天空。"[17]欧姬芙回忆起自己创作那天看到的"视觉幻象"，并由此画出一个个飘浮的光球，也就是她所谓的"太阳光斑"，看上去更像是摄影镜头特有的光晕现象，而不是自然视角。她如此抽象地描绘阳光，似乎将摄影视角与绘画实践结合了起来，或许是受到斯蒂格利茨的同期系列"等同物"（图47）的影响，那是关于天空和云彩的抽象摄影作品。事实可能的确如此。欧姬芙的工作室当时就在希尔顿酒店内，所以她以一幅照片作为这幅画的创作基础。[18]欧姬芙和斯蒂格利茨在新泽西低调结婚后搬到希尔顿居住。尽管两位艺术家对婚礼并没有大肆宣扬，但欧姬芙还是用自己的方式，通过描绘他们居住了十余年且

对页图 | 图46.《阳光斑驳的希尔顿，纽约》，1926年，布面油画，123.2厘米×76.8厘米。李·B.布洛克赠送。芝加哥艺术学院，芝加哥，伊利诺伊州，美国（1985.206）

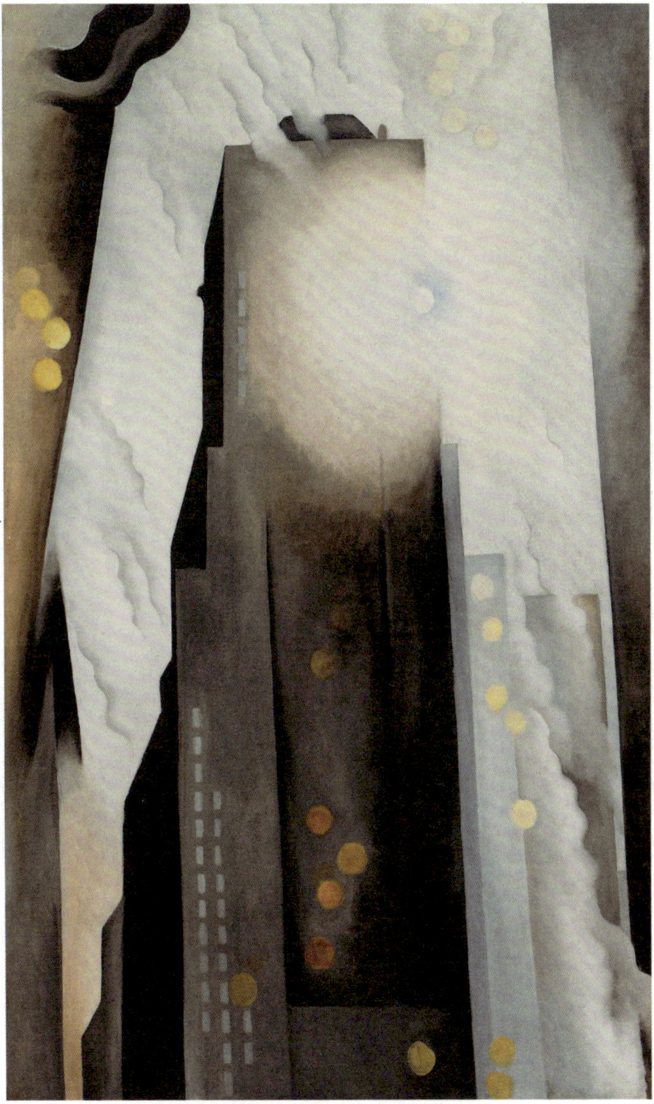

图47.阿尔弗雷德·斯蒂格利茨,《等同物HH1》,1929年,明胶银盐照片,12厘米×9.4厘米,乔治亚·欧姬芙基金会赠送。乔治亚·欧姬芙博物馆,圣塔菲,新墨西哥州,美国(2003.1.14)

称之为家的酒店来记录他们的结合。她用同样的方式描绘了曼哈顿的光线，展示了这座阶梯式建筑是如何让光线照射到城市街道的空隙中的。

1925年春，斯蒂格利茨在安德森画廊举办展览"斯蒂格利茨呈现七位美国人：亚瑟·G.德芙、马斯登·哈特利、约翰·马林、查尔斯·德姆斯、保罗·斯特兰德、乔治亚·欧姬芙、阿尔弗雷德·斯蒂格利茨的159幅画作、摄影以及一些近期的和从未公开展览的作品"。斯蒂格利茨在1921年首次展出欧姬芙照片后，便开始定期在安德森画廊举办展览。两年来，他在画廊举办了欧姬芙的第一和第二次个人展，并声称这是他会坚持办到最终的展览。1925年，斯蒂格利茨在这栋建筑物里租用了一个小空间，取其狭小之意，将其命名为"私密画廊"。这是一个面积不足4米×4米的小房间。画作以任意适合的形式展出，有时甚至会摆在地板上展出。在此空间，斯蒂格利茨展出了上述艺术家们的作品，希望能打造一个货真价实的美国艺术展出空间。对他而言，这是一个"美国人的空间"。[19]欧姬芙认为斯蒂格利茨想要创立或多或少植根于美国情感的艺术运动的行为，如果不是刻意而为，那就是误入歧途。新的展览计划与他之前和爱德华·斯泰钦一起在291画廊展出的欧洲现代派艺术家作品形成了鲜明的对比。欧姬芙抱怨说，斯蒂格利茨对于创造纯粹的美国艺术有着宏大的执念。"一个人不能光说自己是个美国人，就能成为一个美国人，"欧姬芙略带嘲讽意味地说道，"如果可能的话，他们都会跨过大洋留在巴黎。我不会，我在自己的国家有事要做。"[20]当时，她的确没有像其他人那样横跨大西洋去国外画画,而是在美国各地深入旅行。自始至终,欧姬芙都在画她所见。她认为,一幅画带有美国风格,同画一幅带有美国风格的画完全不同。欧姬芙的作品和职业精神是最好的佐证。虽然她对同时代的艺术家颇有微词,但还是参加了斯蒂格利茨的展览计划。欧姬芙大型花卉作品首展在安德森画廊顶楼 303 室举办,一年后,她的纽约城市风景作品,包括《月下的纽约街道》也在此展出。

1926 年 2 月,欧姬芙前往华盛顿特区,与其他女权主义者一起在全国妇女党代会上发表演讲。全国妇女党前身为成立于 1916 年的全美妇女选举权协会,一直致力于推动联邦选举权的修正案。安妮塔·普利策积极参与了这项运动,并与爱丽丝·保罗一起提倡自 1920 年第 19 条修正案通过后的平等权修订案。在会议上,发言者主张各异,一些人认为应该选举部分妇女代表来表示权利的平等,而欧姬芙则鼓励大家要在经济上独立。[21]这正是艺术家在自己生活中的实践。20 世纪 20 年代末,她通过画画来养活自己和丈夫。

欧姬芙在造访华盛顿特区期间,结识了邓肯·菲利普斯。菲利普斯是现代艺术品收藏家和批评家,当时已经从斯蒂格利茨手里收购了三幅欧姬芙的作品。两人就此开始保持长期的通信联系。写信是欧姬芙终生的习惯,她与亲密友人和生意伙伴一直是通过书信来维系情感的。访问期间,在写给丈夫的信中,欧姬芙表达了想要画出华盛顿广场建筑的愿望,以及自己对纪念碑方尖顶的迷恋。她写道:"那柔和的、白色尖顶的尖锐三角形,一直向上延伸到蓝色天空中，穿透云层，让人眩晕，感觉非常棒。"[22] 然而，很久之后，她才实现了画"白色尖顶"的梦想。20世纪70年代末，在时任助手胡安·汉密尔顿的陪同下，欧姬芙再度造访华盛顿特区，并创作了一系列以纪念碑为主题的抽象作品（图115）。

1927年6月，布鲁克林艺术博物馆首次展出欧姬芙的作品。这场被命名为"乔治亚·欧姬芙的作品"的个人回顾展共展出了她的15幅作品。尽管在20世纪20年代，欧姬芙的作品经常在安德森画廊展出，甚至上年1月刚在私密画廊展出过36幅作品，但这次展览标志着首次有博物馆向公众展示她的作品，意义非凡。同年，欧姬芙再次将目光转向城市风光寻找灵感。散热器大厦落成三年后，欧姬芙创作了《纽约夜晚的散热器大厦》（图50）。这座23层高的大楼由涂有锰的黑色砖建造而成，在建筑的塔顶、塔尖和护墙上都有突出的金色，这些细节勾勒出建筑的上部轮廓。然而，欧姬芙并未描述白天金光闪烁的建筑，而是别出心裁地描绘了夜幕下的建筑。光柱从建筑背面照射出来，使建筑看起来更加壮观，右侧的烟雾则为画作添加了戏剧效果。欧姬芙通过正面和对称的视角强调了大楼笔直的特征，其墨色的立面融入暗夜中。散热器大厦由约翰·米德·豪厄尔斯和雷蒙德·胡德设计，在哈勒姆文艺复兴运动的背景下，批评家指出建筑带有明显的种族象征主义。[23] 这座富丽堂皇的多层建筑拥有酷炫的黑色外观，不禁让人联想到曼哈顿街道上高耸的教堂管风琴。人们从布莱恩特公园或者第五大道上就能看见散热器大厦，甚至远在斯塔滕岛都可以看到其金光闪耀。

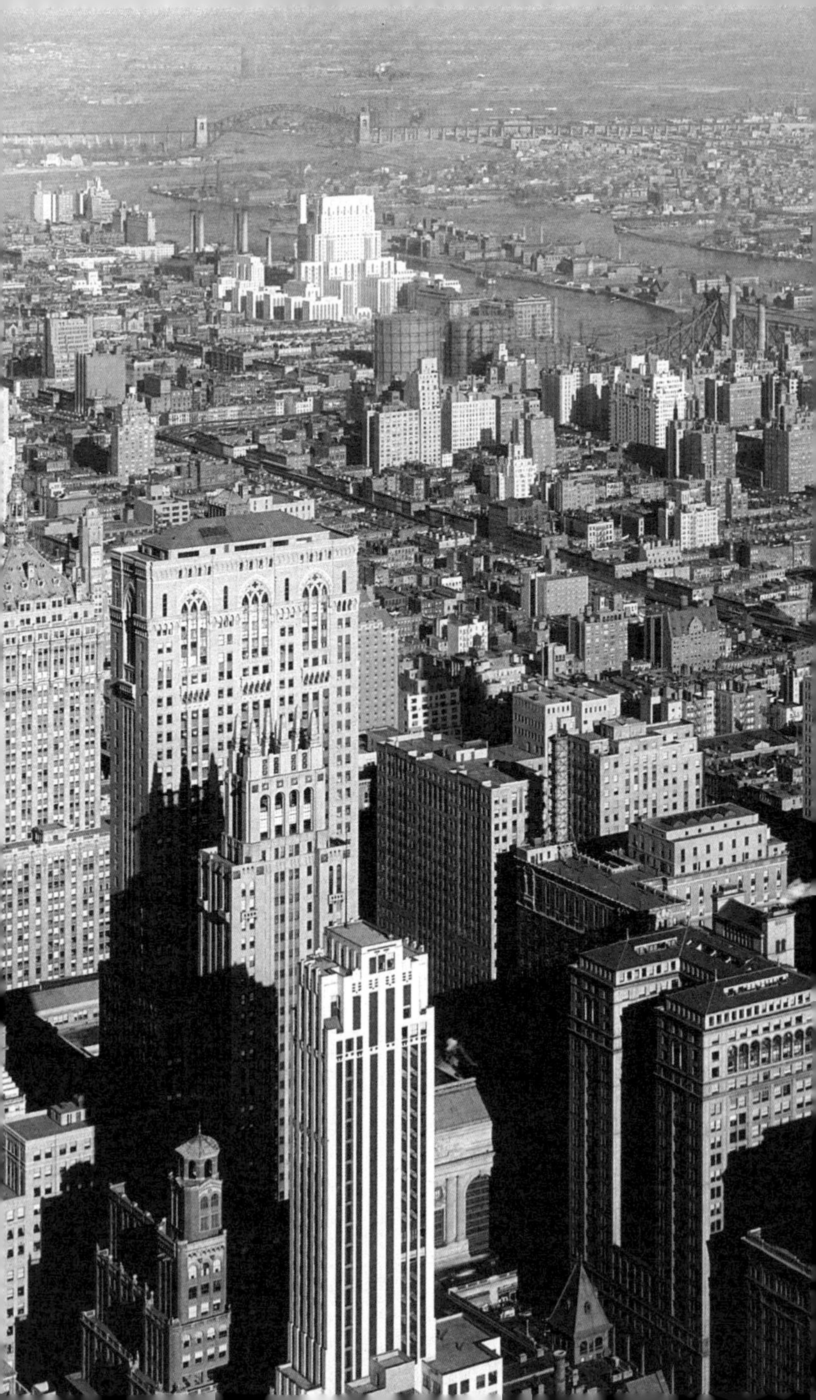

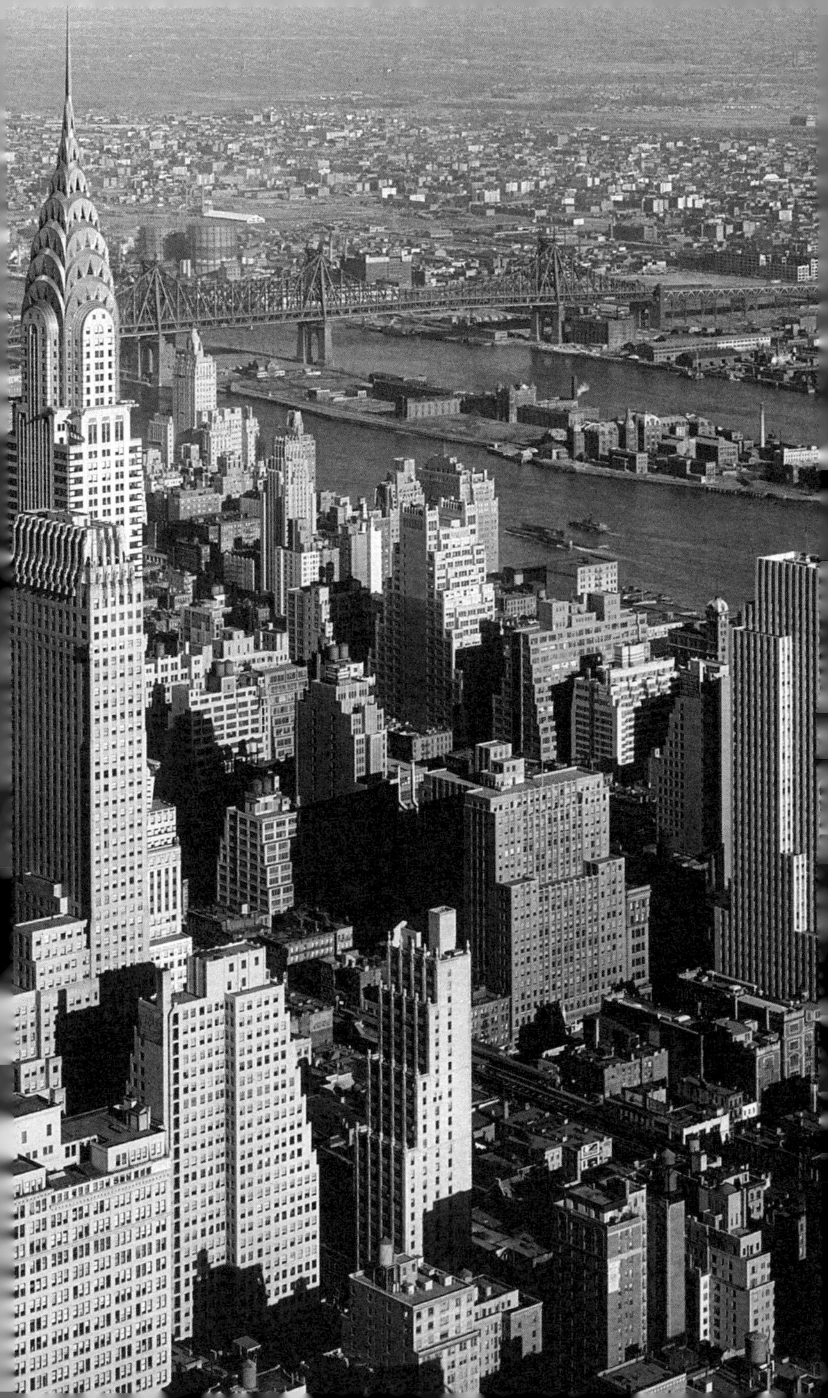

前页跨页图 | 图48.从帝国大厦向东北方向望去的曼哈顿市中心鸟瞰图,1932年

上图 | 图49.从曼哈顿大街上仰视散热器大楼

对页图 | 图50.《纽约夜晚的散热器大厦》,1927年,布面油画,121.9厘米×76.2厘米。
水晶桥美国艺术博物馆,本顿维尔,阿肯色州,美国

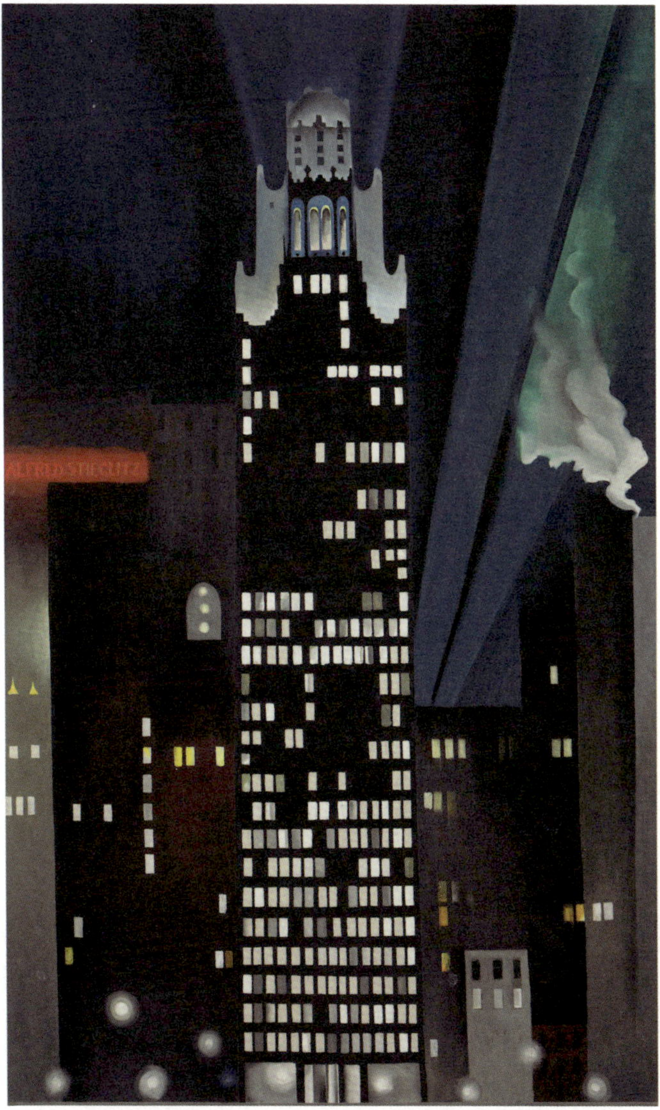

豪厄尔斯和胡德设计了这座建筑，而著名建筑概念艺术家休·费里斯则为公众绘制了建筑的概念图。了解散热器大厦打破传统的实验性外观后，费里斯写道："它有一个无可否认的优点：前所未有地引发了非专业人士对建筑价值的争论，这是美国其他建筑所无法企及的。"[24]费里斯喜欢描绘夜晚人造光照射下的建筑，因其特立独行的风格而闻名，他20世纪20年代经常在《名利场》和《纽约客》上发表作品。1929年，费里斯出版《明日大都会》，以散热器大厦和芝加哥论坛大厦为例，对建筑的价值予以支持。身为训练有素的建筑师，费里斯兼具艺术敏锐度和对城市的宏大视野，积极地向人们普及城市环境中迷人甚至神秘的建筑。在介绍散热器大厦时，费里斯采用仰视视角，从街道层面向上看，整个建筑笼罩在漫射泛光灯下，呈现出梦境般的朦胧之感。

相比之下，欧姬芙的版本则保留了她所有作品中一以贯之的鲜明特征，矩形的光线与黑色立面形成对比。不同于费里斯，欧姬芙采用直视散热器大厦的创作角度，在希尔顿酒店顶层，也就是她每天看到曼哈顿的地方完成了这幅作品。起初，欧姬芙和斯蒂格利茨在希尔顿酒店的28楼租下一个两室的公寓，很快他们又在30楼租下另一个公寓。这样，他们就可以从两个不同的视角来观察这座城市（大多数摩天大楼通常都会将高楼层作为办公区域出租），观察曼哈顿的屋顶轮廓，以及这座大都市里逐日增加的摩天大楼。[25]欧姬芙拍摄的照片（图51）记录了她透过窗户看到的克莱斯勒大厦，照片左侧还可以看见窗帘。在欧姬芙拍摄的几年后，斯蒂格利茨也通过希尔顿酒店的窗户记录下这座城市高耸入云的摩天大楼（图52）。

与克莱斯勒大厦（建于1928～1930年）一样，欧姬芙透过窗子近距离地观察着散热器大厦。多年来，她不仅在希尔顿见证了两座大楼的建造过程，也目睹了不同光照环境下散热器大厦的外观变化，因此她对散热器大厦亮闪闪的外观一定很感兴趣。白天，太阳光照射到大楼黑色的表面会发生反射；夜间，泛光灯的人造光倾斜地射在大楼上，会形成模糊的轮廓。高大的黑色建筑是典型的纽约生活的一部分。

1946年斯蒂格利茨去世后，欧姬芙将《纽约夜晚的散热器大厦》捐赠给了费斯克大学。1865年，内战结束仅六个月，田纳西州纳什维尔市以克林顿·B.费斯克将军的名字命名这所大学，并为之前身为奴隶的人们提供教育。在接下来的几年里，费斯克大学成了获得大学认证的首家非洲裔美国人大学。欧姬芙向其捐赠了很多斯蒂格利茨的个人收藏，包括他本人的摄影作品，以及约翰·马林、马斯登·哈特琳、查尔斯·德姆斯、巴勃罗·毕加索和迭戈·里维拉的作品。卡尔·范·维赫腾是欧姬芙和斯蒂格利茨共同的朋友，也是哈勒姆文艺复兴运动的组织者、费斯克大学首位非洲裔校长查尔斯·约翰逊博士的友人。在欧姬芙、范·维赫腾和约翰逊博士的共同努力下，费斯克大学创建了"阿尔弗雷德·斯蒂格利茨现代艺术收藏"，并保留至今。[26]

布鲁克林艺术博物馆的展览接近尾声时，欧姬芙的胸部长了一个肿瘤。斯蒂格利茨的哥哥李是一名医生，他建议欧姬芙摘除这个后来被确诊为良性的肿块。欧姬芙回忆起在纽约西奈医院接

上左图 | 图51.乔治亚·欧姬芙摄,纽约克莱斯勒大厦,未标注日期,明胶银盐照片,11.4厘米×7.9厘米。乔治亚·欧姬芙基金会赠送。乔治亚·欧姬芙博物馆,圣塔菲,新墨西哥州,美国(2006.6.1370)

上右图 | 图52.阿尔弗雷德·斯蒂格利茨摄,从希尔顿看见的纽约,1935年,明胶银盐照片,23.8厘米×19.4厘米。乔治亚·欧姬芙基金会赠送。乔治亚·欧姬芙博物馆,圣塔菲,新墨西哥州,美国(2003.1.21)

下图 | 图53.《黑色抽象》,1927年,布面油画,76.2厘米×102.2厘米。阿尔弗雷德·斯蒂格利茨藏品,1969年。大都会艺术博物馆,纽约,美国(69.278.2)

受治疗时被医生护士环绕的经历：

我躺在一间大房间的手术床上，正对着明亮的大天窗，两位护士就站在我的两旁。我决定要尽可能长时间地保持清醒。我听见医生在洗手。天窗开始旋转，慢慢地在黑色空间里变小。我把右臂举过头顶，然后放下来。当天窗变成黑色空间里一个小白点时，我把左臂举过头顶，随着左臂下沉，白点愈发变小，我失去了知觉。几周后，这一经历变成了《黑色抽象》。[27]

欧姬芙手术前看见的场景和抬举手臂的经历令人记忆深刻——光明和黑暗、有意识和无意识交织在一起。画作《黑色抽象》（图53）虽然不像她的描述那样发自内心，但仍然传达出她描述的那种感觉，那种黑暗吞噬头顶天窗光明的感觉。欧姬芙在乳房切除的两周后完成了这幅作品。作品中，一个比较松散的白色"L"形状似乎打破了跳动的黑色圆圈。黑色圆圈并非彻底的黑暗，而是包含了略微向外辐射的光晕。在白线弯折处，一枚纯白色的小珠子探出头来，变成了天窗收缩进黑暗的视觉呈现。

新墨西哥州

1929年4月，欧姬芙和友人贝克·斯特兰德离开纽约，前往新墨西哥州。保罗·斯特兰德最近拍摄的西南部地区照片，以及英国画家多萝西·布雷特夫人对陶斯的生动描述，让他们深受鼓舞。那个时候，布雷特也住在希尔顿酒店，就住在欧姬芙和斯蒂格利茨楼下。此前，布雷特在陶斯定居了一段时间，她曾与英国作家 D.H. 劳伦斯及其夫人弗里达住在一起，希望与他们共同创建一个叫作拉纳尼姆的乌托邦社区。[28]这三个人只是梅布尔·道奇·卢汉陆续邀请的艺术家和文人中的一部分，卢汉是一个富裕的纽约人，丈夫来自陶斯普韦布洛。很多现代主义艺术家、作家、音乐家和舞蹈家都曾在陶斯和著名的罗斯加洛斯牧场逗留过，其中包括马斯登·哈特利、珍·图莫、维拉·凯瑟、玛莎·格雷厄姆、里奥波德·斯托克夫斯基和卡尔·荣格。

20世纪一二十年代早期，陶斯是受人欢迎的旅游胜地。它和圣塔菲一样，成了"艺术家聚居地"，成了寻求更加"真实"的生活方式的创意者的中心。ATSF等铁路公司会委托当地艺术家创作西部浪漫主义风格的画作，以吸引更多的人前往西南部。ATSF铁路公司是知名画家托马斯·莫兰、梅纳德·迪克森和费尔南多·H.伦格伦的早期赞助人，这些画家的作品常被印在火车日历、菜单和商业文献上，向东西海岸的观众展示西部风情。[29]这些画为宣传该地区的形象做出了贡献，拓展了美国人对西南部的固有形象，如弗雷德里克·莱明顿作品中的形象。1912年，新墨西哥州正式加入美国（它是美国1848年从墨西哥夺取的一块领土），因此在美国人眼中，新墨西哥州极具异域特色。从美国其他地方来陶斯参观的人常常会兴奋地用带有优越感的语言描述这片土地，这里遍布土坯房屋、土著居民和西班牙裔人。劳伦斯将新墨西哥州称为"美洲之月"。哈特利对土著居民的原始美学赞美有加，称其为"世界上无害的孩童"[30]，和其他人一样，他认为作为最早的、真正的美国人，"红种人"值得仿效。艺术家们期待创造真正的美国文化，尤其是在第一次世界大战后，他们从原始文化中汲取灵感，塑造一种全新的自我意识。

欧姬芙和贝克·斯特兰德乘坐从纽约到芝加哥的"20世纪有限号"火车，开启了ATSF铁路之行，这条铁路将带她们向南穿过堪萨斯，抵达新墨西哥州东部。她们在洛米下车，洛米是一座距离圣塔菲30多千米的铁路小镇，以一位著名的法国主教命名（他建造了圣塔菲的弗朗西斯大教堂）。车站的外观和其他ATSF铁路建筑相似（图54），采用加州传教风格。车站对面是风格类似的弗雷德·哈维酒店，又名"奥尔蒂斯"，酒店内饰由玛丽·柯尔特设计，灵感源自本土印第安人。酒店旁边是百货商店和沙龙，内饰使用来自巴伐利亚州的樱桃木。在此后的岁月里，欧姬芙将会对这座火车站非常熟悉。

在圣塔菲稍做停留后，欧姬芙和贝克踏上了通往陶斯和罗斯加洛斯牧场的险峻道路。抵达牧场后，欧姬芙先是从14间土坯客房中选了一间居住，然后又和贝克一起搬到牧场另一处土坯房"粉红屋"中（图55）。在旅途中，欧姬芙找到了新的绘画素材，如大树和落叶松。她参观了基奥瓦农场，这里有劳伦斯曾经住过的小屋，也是布雷特目前居住的地方。一天晚上，欧姬芙躺在树冠下的长木椅上，看着巨大的黄松盘旋在上方，夜晚的满天星光在远方闪烁，并由此创作了《劳伦斯的树》（图56）。她坚持认为这幅画可以从多个角度来欣赏，且每一个视角都具有令人眼花缭乱的效果，从垂直物体的底部径直往上看就会产生这种效果（这与她几年前创作的《月下的纽约街道》截然不同，见图

上图 | 图54.爱德华·A.坎普摄,新墨西哥州洛米停车场的哈维汽车,约1930年,影印,尺寸不详。新墨西哥州历史博物馆州长府,圣塔菲,新墨西哥州,美国

对页图 | 图55.未知摄影师,乔治亚在新墨西哥州陶斯的粉红屋附近,1929年,影印,尺寸不详。新墨西哥州历史博物馆州长府,圣塔菲,新墨西哥州,美国

45)。血红的树干沿对角线延伸,树枝犹如身体里的动脉般向外扩展与树叶的轮廓交汇在一起,形成了独特的头饰空间。蓝色天空中点缀着白色的星星,进一步衬托出树木的黑色轮廓。劳伦斯在散文中对这棵树表达了敬意:"屋前的大松树,岿然不动、与世无争却生机盎然……从来没有人能够看见它超大树冠的绿色树顶……一走出屋子,树干就在那里,像是一位守护天使。树干、长工作台和栅栏。"[31]《劳伦斯的树》极具诗意,是一曲对五年

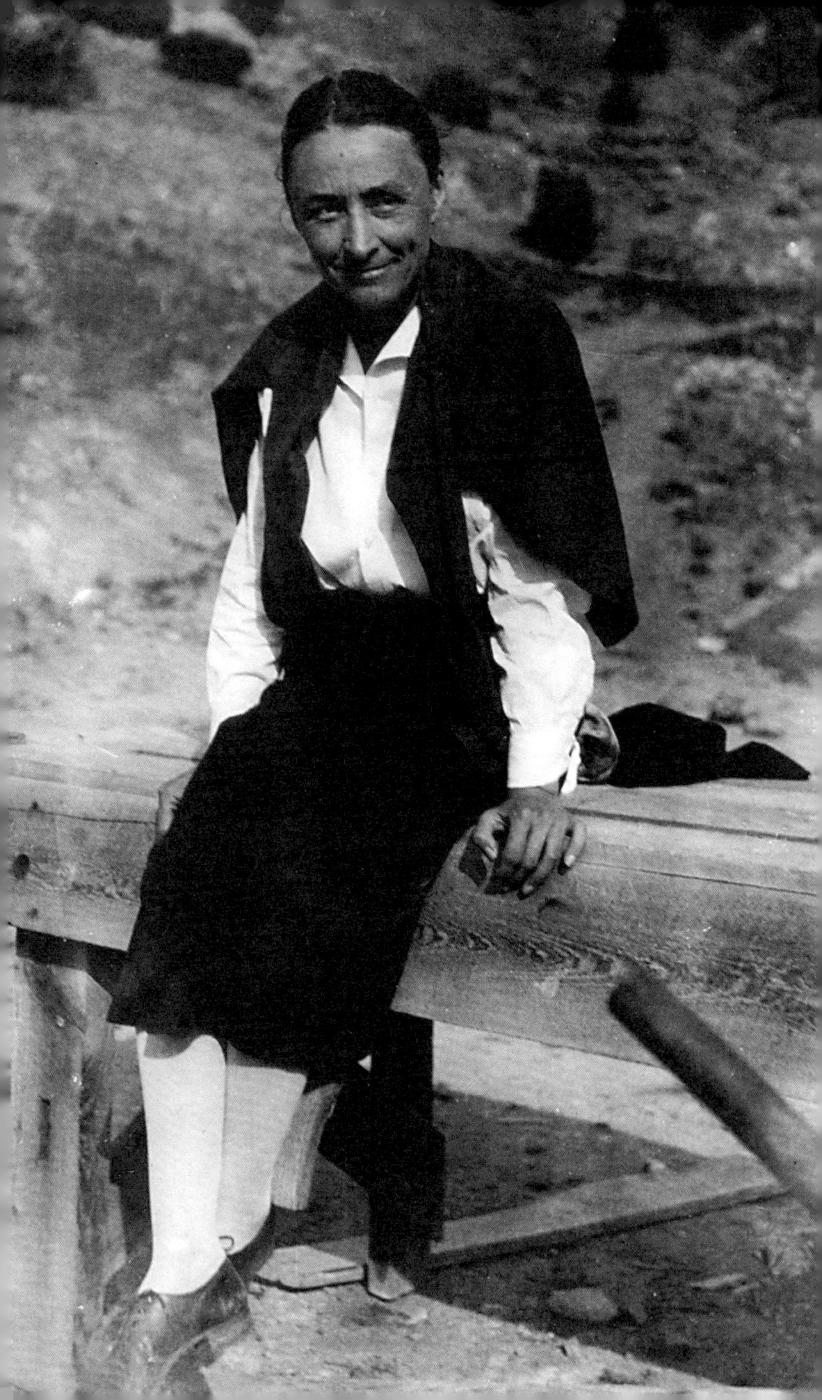

上图｜图56.《劳伦斯的树》，1929年，布面油画，78.8厘米×101.6厘米。艾拉·吉拉普·萨姆纳和玛丽·卡汀萨姆纳基金。沃兹沃斯艺术学院博物馆，哈特福德，康涅狄格州，美国（1981.23）

前最后一次到访新墨西哥州的作家的颂歌。

在首次逗留陶斯期间，欧姬芙从托尼·卢汉那儿学会了开车。托尼曾与纽约社会名流梅布尔·道奇·卢汉结婚，并因此把名字从原来的西班牙拼法"lujan"改为英文"Luhan"。欧姬芙学习驾驶时经常会把车开出道路，吓到同车人，不过，几周后，她还是决定花660美元购买一辆时髦的福特A型车。这位艺术家拆除了副驾驶的位置，把驾驶座螺丝拧松，这样她就能转身面对后排了。这辆名为"哈罗"的改造车十分适合外出作画,作画时,后排座位可以像画架一样起到支撑画面的作用,车子则可以抵御高温、苍蝇和恶劣天气。[32]在欧姬芙穿越乡村的短途旅行中,"哈罗"成了她的移动工作室;将她从土路(铺面道路要到十年后才出现)带到教堂、山艾树和厚重木十字架遍布之处。

天主教在整个新墨西哥州北部占据着重要的地位。用欧姬芙的话来说,十字架到处都是,"而且通常会在意想不到的地方出现,天主教堂的薄黑纱仿佛覆盖了整个新墨西哥州的土地"。在一处宗教景观中,欧姬芙看到一个巨大的十字架,那是忏悔者在宗教活动中使用的。受此启发,欧姬芙在夜空和起伏的山脉背景前画上了放大的十字架。在陶斯生活期间,欧姬芙创作了《黑色十字架,新墨西哥州》(1929年),作品由两个独立的场景构成,作者在爬山时偶然看到的风景以及陶斯山脉(她回忆是从十字架的左侧看到的)。在这幅富有想象力的拼贴画中,欧姬芙将山脉设置为背景,十字架在前景中处于主导位置,厚重的缟状图案占据了大部分画布。远处起伏的风景在黄色、紫红色和灰色之间转换交替,营造出一片梦幻的色彩海洋。1935年,斯蒂格利茨的新画廊"一个美国人的地方"举办了"欧姬芙1919~1935年的作品展"(图57),这幅作品也是展品之一,就挂在《从希尔顿酒店30楼看到的东侧河流》(1928年)和《天南星5号》之间。三幅作品并排摆放,鲜明地展现出欧姬芙在不同景观和观点之间的转换,也记录了这位艺术家在多处被她称为家的地方的经历。

除了山坡和道路上的十字架,土坯教堂厚重的球状结构也吸

图57.阿尔弗雷德·斯蒂格利茨摄,欧姬芙1919~1935年的作品展,1935年,明胶银盐照片,17.1厘米×24.1厘米。乔治亚·欧姬芙基金会赠送。乔治亚·欧姬芙博物馆,圣塔菲,新墨西哥州,美国(2006.6.1160)

引着艺术家的目光。在作品《牧场教堂2号》(图59)中,欧姬芙描绘了陶斯牧场的教会建筑。陶斯牧场教堂是社区产物,建筑风格与其他天主教堂相似,由厚厚的土坯墙建成,并借助更厚的护墙来加固。教堂以建椽(手工雕刻的天花板楣)和宽敞的中殿为特色,与其他圣方济各会建筑一样,中殿通向一座祭坛,祭坛上摆满了布尔托斯(一种木制圣人雕像)和一扇绘有西班牙殖民时期风格图案的祭坛屏风。许多艺术家,如哈特利和贝克·斯特兰德,都曾从这些宗教形式中获得灵感,并将圣人的形象运用到自己的绘画作品中。与教堂内部相比，欧姬芙更喜欢描绘教堂醒目的外观，她从建筑东南立面进行观察，捕捉到了建筑正式庄重的特征。不久后，保罗·斯特兰德从类似的角度拍摄了陶斯牧场教堂（图58）。与此同时，欧姬芙开始以陶斯普韦布洛为主题作画，那里都是多层土坯建筑，是托尼·卢汉的故乡。在《陶斯普韦布洛》（图60）中，欧姬芙不再以人物为中心（通过人物的衣着来表现地域特征），而是描绘了一座空城，这不禁让人联想到她的风景画。渐渐地，欧姬芙开始探索陶斯以外的地区，前往陶斯山脉的熊湖、科罗拉多州的梅萨维德以及新墨西哥州的拉斯维加斯露宿远足。在熊湖期间，她创作了《新墨西哥州的熊湖》（1930年）。画面中，一棵耸立的大树树干将画面一分为二。这幅作品中的大树同样以夜空为背景，但不像《劳伦斯的树》那样令人眼花缭乱。欧姬芙还到访了盖洛普镇及阿克玛普韦布洛。盖洛普镇以纳瓦霍商品贸易和阿克玛普韦布洛而闻名；阿克玛普韦布洛被称为"天空之城"，是一个位于新墨西哥州西部高原顶部的土著聚居地，也是美国最早有人居住的地方。此后，欧姬芙又前往洛基山脉中的铁路小镇艾斯帕诺拉，探索被她称作"白色之地"的布兰卡广场，并驱车数小时前往后来被称为"黑色之地"的比斯蒂荒原（图74）。[33] 欧姬芙在陶斯度过了1930年的夏天，在新墨西哥州阿尔卡德地区的H&M牧场度过了1931年的夏天，该牧场属于玛丽·嘉蓝。

自1931年起，欧姬芙每年夏天都会从纽约前往新墨西哥州。一个新的时代就此拉开帷幕，无论对于个人还是国家，这都是一

图58.保罗·斯特兰德，《新墨西哥州陶斯牧场的教堂》，1932年，凹版印刷，14.9厘米×11.7厘米。保罗·斯特兰德基金会赠送。圣路易斯艺术博物馆，圣路易斯，密苏里州，美国

个新阶段的过渡期和形成期。就个人而言，欧姬芙搬离斯蒂格利茨，斯蒂格利茨开始与年轻的多萝西·诺曼交往，后者是希尔斯和罗巴克家族的女继承人。随着纽约现代艺术博物馆等机构定期展出欧姬芙的作品，欧姬芙不再那么依赖斯蒂格利茨的管理能力了。事实上，纽约现代艺术博物馆在1929年12月的第二次展览中首次展出了欧姬芙的五幅作品，该展览名称为"19位美国人的作品"。就国家而言，所有美国人都受到了1929年10月29日股市崩盘的影响，"黑色星期一"最终导致长达十年的经济萧条。

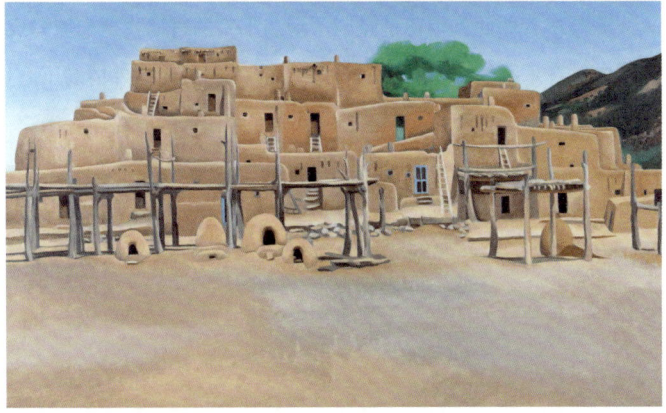

上图｜图59.《牧场教堂2号》，1929年，布面油画，61.3厘米×91.7厘米。1930年收购。菲利普美术馆，华盛顿特区，美国

下图｜图60.《陶斯普韦布洛》，1929～1934年，布面油画，61厘米×101.6厘米。埃特尔乔格美国印第安和西部艺术博物馆，印第安纳波利斯，印第安纳州，美国

此后不久，斯蒂格利茨便关闭了自己的画廊。多萝西娅·兰格等摄影师开创了一个充满社会责任感的新时代，通过摄影作品描绘不同地区美国人的困境，沙尘暴、胡佛村和领取救济的队伍成了首要主题。同一时期，保罗·斯特兰德断绝了与斯蒂格利茨的联系，以墨西哥革命的名义在拉扎罗·卡德纳斯将军的领导下工作。然而，欧姬芙的创作并没有受到经济环境和他人作品的影响，也没有转向社会现实主义，她坚信女性正在承受压迫，并通过创作表达对父权文化的不满与抗议。整个国家经历了近乎毁灭性的十年金融动荡，当政府通过公共事业振兴署来雇佣大众时，欧姬芙在经济上仍能保持自给自足，她的大部分收入由她和斯蒂格利茨两人支配。尽管如此，她还是经历了动荡不安的时期：她未能完成无线电城音乐厅的壁画项目，同时饱受斯蒂格利茨婚外情的压力。1933年，欧姬芙被诊断患上了精神疾病，在纽约的医院接受治疗，随后和朋友前往百慕大休养。

休养结束后，欧姬芙回到新墨西哥州。1934年，这位40多岁的画家对此地已经十分熟悉，她经常会住在H&M牧场，并沿查玛河（格兰德河的支流）驾车出行。在夏季最热的时候，有一次，她听说附近还有一座牧场，位于皮德拉·拉伦布雷的赠予土地。为了在该地区寻找另一处居所，她带着约翰·科利尔（印第安土著拥护者）驾驶着值得信赖的福特汽车，沿不熟悉的土路前行，寻找仿佛沙漠绿洲般存在的幽灵牧场。在第一次寻而未果后，欧姬芙终于找到了牧场的大门，门上有一个古老的动物头骨标记。在那里，她看到一片干旱的场景，台地上露出一道深深的裂纹，

图61.赫尔曼·S.霍伊特摄,陶斯普韦布洛,1920～1930年,影印,12厘米×17.8厘米。新墨西哥州历史博物馆州长府,圣塔菲,新墨西哥州,美国

红色和白色的土壤上满是流水多年冲刷的痕迹。燧石山是一座蕴含优质燧石的平顶矮山,呈钢铁色,在耶梅斯山脉的南侧隐约可见。轻快的淡蓝色天空,有时会变成暴风雨前的乌云密布,在色彩淡雅的矮灌木丛映衬下,风景呈现出一种全新的色彩组合。[34]

7月下旬,寻找一处新居所的决定开启了欧姬芙在幽灵牧场的生活。在客房租住了几个夏天后,欧姬芙终于购买了自己的房子和土地。从那时起,欧姬芙就有了两处在地理位置上独立的家:一处是在纽约和斯蒂格利茨的家,位于阶梯状的摩天大楼之间;

图62.《我居住的屋子》，1937，布面油画，35厘米×76厘米。耶鲁艺术博物馆，纽黑文，康涅狄格州，美国

另一处是在新墨西哥州远离繁华尘嚣的土坯建筑。虽然每年她都会往返于两地，但一切并没有因时间的推移而变得轻松，每次离开后她都需要调整自己的状态，经历一段过渡期。其中一个非常实际的问题就是，欧姬芙必须适应幽灵牧场的高海拔，每次回到这里，高海拔都会让她喘不过气。[35]直至丈夫离世，她一直在两地之间往返，在两处家中留下彼此的痕迹。就像她从新墨西哥州带到乔治湖作画的骨头一样，欧姬芙在新墨西哥州的风景画象征着属于西南部"远方"的经历和记忆。这些作品记录了她在新墨西哥州的独居生活。欧姬芙很早就意识到幽灵牧场的深远意义，她回忆道："我一到这里，就知道我将住在这里。"（图62）[36]

CHAPTER 3

第三章
《平顶山东侧道路2号》
荒原及荒原之外

图63.《平顶山东侧道路2号》,1952年,布面油画,66厘米×91.4厘米。乔治亚·欧姬芙基金会赠送。乔治亚·欧姬芙博物馆,圣塔菲,新墨西哥州,美国(2006.05.235)

1952年，欧姬芙开始画通往阿比丘家的道路，也就是当时的84号公路。它蜿蜒穿越多个小镇，大致和查玛河的流向保持一致。84号公路途经艾斯帕诺拉——一个欧姬芙熟悉的地方，她在那里维修车辆、购买杂货和供给。道路更远处通向圣塔菲。这条道路是欧姬芙生活的一部分，是她与外部世界的连线。在作品《平顶山东侧道路2号》（图63）中，欧姬芙描绘了84号道路，当时路面已经铺了沥青，中间有一条黄色的线。这条"新路"取代了阿比丘的"老路"，使此地出入更加便捷。新路设有一处观景台，欧姬芙常在那里欣赏风景，这幅作品就是在观景台绘制而成的：右侧是巨大的平顶山，左侧是一排整齐的杨树，沿着宽阔的河岸消失在观众的视野中，道路蜿蜒曲折，最后消失在远方。欧姬芙这样描述这条道路：

> 我在阿比丘家中房间里的墙是玻璃的，有一个窗口可以看见通往艾斯帕诺拉、圣塔菲河外部世界的道路。这条路的跌宕起伏让我着迷，它向我山顶的墙体直冲过来，又转身掠过……我用相机拍过两三张照片。其中一张照片采用了较扁平的视角，偶然地使整条道路看起来仿佛立在空中一般，很有趣，于是我便将这种新视角运用到了画作中。路边的平顶山和树木在画中都不重要，道路才是画面的焦点。[1]

欧姬芙每天都会看见84号公路。她在该地区购买的第二套居所位于路的上方，从卧室的窗户俯瞰，可以看到一整片倾斜的景色（图64）。她第一次尝试画出的道路多少还是写实的，如《平顶山东侧道路2号》，然而随着时间的推移，描绘视角开始变得越来越抽象。在这个变化过程中，能够将道路同具体风景联系在一起的细节越来越少，树木和道路上的黄线消失了，与此同时，代表透视空间的地面被平坦的色块取代。在作品《穿过风景的道路》（图65）中，苍白的道路融入了粉色山丘中，山丘的粉色或许源于该地区土地的红色调，钴蓝色的色带勾勒出画面中的山系。在《穿过风景的道路》之前，欧姬芙创作了油画《冬日之路1号》（图66），洁白的画纸上只有一条蜿蜒的深棕色线条，却将冬日之路表现得淋漓尽致。作品中的景象近乎抽象，道路仿佛立了起来，违背了万有引力定律。这样的描绘视角会促使观众调整自己对艺术作品的解读方式。这不再是一条消失在远方的道路，而是一条从画布顶端延伸到底部的线。

正如她早年从道的艺术理论中学到的，欧姬芙将84号公路看作宏观环境的一角，一个实验的起点。这条道路，从象征意义上看，是通向新墨西哥州外生活和人际网络的桥梁；从现实角度来看，是欧姬芙每日开车往返阿比丘的必经之路。在欧姬芙的笔下，道路从众多相关元素中脱颖而出，成为作品的中心，并变得愈发抽象。值得注意的是，《冬日之路1号》创作于《穿过风景的道路》之前，这表明艺术家通往抽象技法的道路并非一蹴而就，而且无论她选择何种视觉语言来创作，都不会局限于某一种单独的画法。当其他抽象主义画家开始关注绘画媒介，强调媒介或画布的品质时，欧姬芙并没有局限于某种形式。她可以轻松地画出抽象的事物，然后在同一笔中回归半写实的主题。

欧姬芙的这个篇章献给了新墨西哥州，以及她与纽约、芝加

左上图｜图64. 从阿比丘乔治亚卧室窗户看出去的风景，东北方向可见查玛河河谷，1996年
左下图｜图65.《穿过风景的道路》，1964年，布面油画，47.7厘米×76.2厘米。卡尔和玛丽琳·托玛收藏。托玛基金会，圣塔菲，新墨西哥州，美国
右图｜图66.《冬日之路1号》，1963年，布面油画，55.9厘米×45.7厘米。乔治亚·欧姬芙基金会赠送。国家美术馆，华盛顿特区，美国（1995.4.1）

哥、华盛顿特区等地的联系。虽然欧姬芙似乎与世隔绝地生活在美国西南部的两居室中，她的一些作品似乎也强化了这种印象，但无论是内心还是外在，她都依然与当地土著居民和移民保持着联系，与当地人和外来移民建立了友谊。当时的新墨西哥州是一个文化层次鲜明的地方，土著居民、西班牙人和英美人之间的殖民记忆依然占据着主导地位。尽管种族和民族之间分歧严重，但跨文化接触和日常交融仍是常态。从食物到语言，新墨西哥州在

各方面都不同于欧姬芙居住的其他地方。欧姬芙曾看到纽约的摩天大楼拔地而起,如今她又见证了新墨西哥州巨大的变迁,从秘密建造原子弹的洛斯阿拉莫斯国家实验室,到居所附近的查玛河大坝。在这段时间里,欧姬芙目睹了周围环境的变化,见证了第二次世界大战的影响,以及整个新墨西哥州北方基础设施建设的现代化,例如道路铺设。从更广泛的层面上看,欧姬芙感受到了冷战言论的影响,因而在阿比丘建造了自己的防空洞。

欧姬芙有关道路的作品是研究她在新墨西哥州北部所在地点的关键,也是探究她在斯蒂格利茨去世后选择永久居住于此的关键,同时也表现了艺术家对其他地方的好奇和蠢蠢欲动。84号公路虽然就在欧姬芙家门前,却可以通向阿比丘之外的"其他地方",无论是艾斯帕诺拉、圣塔菲,还是其他更远的地方。事实上,欧姬芙正是从新墨西哥州开启了之后一系列的环球旅行,这条道路仅仅是开始。新墨西哥州既是家,也是起点。这些作品反映了道路作为一种联系当地与外部世界的组成部分的意味,也体现了艺术家终生为之奋斗的系列绘画实践。就像在峡谷、得克萨斯和纽约一样,同一景观可以激发出几种不同的创作和构图方法,每一种都展现了欧姬芙新颖的视角,并向观众呈现出同一主题的新角度。

幽灵牧场

1934年7月,欧姬芙到达幽灵牧场后,便立即向牧场的主人兼经理卡罗尔·斯坦利咨询了住宿问题。由于房屋所剩无几,欧姬芙入住了幽灵牧场的最后一间客房。她醒来后得知,一位游客在半夜阑尾炎发作,因此腾出一间空房,这使她能比预计的时间多停留些时日。欧姬芙在这里一直待到秋天,然后动身前往纽约。在此逗留期间,欧姬芙遇到一座占地超过80平方千米的牧场,牧场上男女均可骑马驰骋,叉角羚四处可见。这处牧场吸引了许多美国东海岸的家庭离开城市,来边疆体验乡村生活。对人类学家、作家、音乐家、环保主义者、科学家和艺术家而言,牧场是一处可以让他们休养生息的地方。

此牧场曾被命名为女巫牧场,一度是西班牙裔偷牛三兄弟——有名的阿楚利塔斯——和他们不幸的受害者之间发生暴力冲突的地方。牧场所在地有过一段罪恶的历史,许多人甚至相信,那些跟随三兄弟作恶者的灵魂依然在这片土地上作祟。在迷信的加持下,这座牧场几易其主,最终归斯坦利所有。据说,斯坦利的前夫是20世纪20年代末在一场纸牌游戏中赢得牧场地契的。[2]

20世纪30年代的一场严重干旱造成了动物的大量死亡,因此在牧场上可以找到大量的羚羊、公羊、牛和马的骨头。不仅如此,为了应对过度放牧而制定的《泰勒放牧法》让政府的神枪手可以击毙游荡在联邦政府土地上的野马,而那片土地紧邻幽灵牧场。正如一位作家所说,该地区就是野马的"坟地"。但这对欧姬芙来说简直太棒了。毫无疑问,她对收集骨头满怀热情,甚至还说服其他客人帮自己收集骨头,比如崭露头角的人类学家弗兰克·西本和另一位房客杰克·麦吉本。[3]欧姬芙一生都在收集骨头。

其作品《公羊头与蜀葵》（1935年）实际上是根据一只安哥拉山羊的头骨创作的，头骨属于幽灵牧场的居民小女孩多西·博纳姆。据说，在山羊死后，有人将山羊的尸体悬挂在树上风干，土狗咬住了山羊的犄角试图据为己有。在画布上，山羊的整个犄角舒展卷曲，悬浮在夏末幽灵牧场山丘上方厚重的云层中。欧姬芙回忆道，在多次尝试的过程中她发现，只有当头骨悬浮在上方时才有"对了"的感觉。画中的头骨在某种程度上反映了当地的地貌特征，头骨的口鼻部位看起来就像是深度干旱的山谷裂隙。画中的蜀葵，当地西班牙裔人称之为圣荷西花，在头骨右眼上方耀眼夺目。蜀葵是新墨西哥州北部地区的常见花卉，也是宗教肖像中的常见元素，通常用于装扮圣约瑟夫的手杖。[4]或许是受到贝克·斯特兰德将绢花融入画作的启发，欧姬芙首次来到该地区就将花朵画入自己的骨头主题作品中。绢花也是新墨西哥州北部地区的一大特色，通常被放置在逝者的坟墓上。

花和骨头带有鲜明的美国西南部特征，在整个20世纪30年代，欧姬芙一直与这两个元素保持着密切的联系。摄影师安塞尔·亚当斯抓拍了一张欧姬芙寻找骨头的照片。照片中，这位得意洋洋的艺术家一只手拿着一个巨大的覆盖着皮毛的牛头骨，另一只手则拎着胸腔骨（图69）。此外，欧姬芙还穿着标志性的西部服装：李维斯蓝色牛仔裤、男式纽扣单宁衬衣，以及一顶南美进口的高乔式或瓦盖洛式毡帽。她手握白骨，轻松地表现出诚挚的西部人形象，这是她塑造的另一种人格。和许多艺术家一样，欧姬芙是一位塑造自我形象的大师。[5]

上图 | 图67.欧姬芙在阿比丘的家和工作室鸟瞰图,1979年。阿比丘位于画面右上角

下图 | 图68.冷战时期,欧姬芙在阿比丘家中建造的防空洞

图69.安塞尔·亚当斯摄,新墨西哥州幽灵牧场乔治亚·欧姬芙和动物残骸,1937年,明胶银盐照片,23.2厘米×18.1厘米。创意摄影作品收藏中心,亚利桑那大学,亚利桑那州,美国

在接下来的三个夏季，欧姬芙都居住在皮德拉伦布雷盆地（又称闪石谷）这块地势较高的干旱土地上，周旋于动物尸骨和幽灵牧场活跃的游客之间，作画度日。她住在一间名叫"花园房"的小屋子里，没有厨房，所以她会和农场其他人一起吃饭。白天，尤其是在吃饭时，欧姬芙结识了东海岸的主要家族，包括洛克菲勒家族、约翰逊家族和帕克家族，他们经常光顾农场，甚至在那里建有豪宅。在人们的印象中，欧姬芙有时候很友好，有时候又表现得略显深沉，大多数时候她会主动与人交流，而不是被动地等待搭话。欧姬芙也会与工作人员共同进餐，这些工作人员主要是来自牧场的小伙子们，毫无疑问，他们会更加生动地谈论牧场的日常活动。[6]

除了幽灵牧场的建筑和对面耸立的岩石，周边其他区域也有着近乎无限的地质遗迹和文化历史，欢迎人们去探索挖掘。欧姬芙以步行或者自驾的方式熟悉着周围的环境。有一次，她同车友布朗尼·帕克（亚瑟的妻子）还被困在了查玛河。幽灵牧场地处令人瞩目、地貌崎岖的科罗拉多高原的一角，坐落在四角地区的东部边沿和纳瓦霍族地区，这里是美国现存最大的印第安人保留地。查玛河流经阿比丘，两岸长满老杨树，最终汇入格兰德河。查玛河沿线分布着印第安村庄（目前有19个土著村庄）和西班牙裔城镇。河流沿岸生长的三角叶杨是欧姬芙喜爱的绘画主题，和其他主题一样，她以此为灵感创作了系列作品。

在欧姬芙看来，皮德农山在荒原上拔地而起，为她提供了一个可以在创作中反复使用的背景。《幽灵牧场风景》（图70）就是欧姬芙以皮德农山景观为主题创作的布面油画之一,是艺术家透过一棵杜松树看到的皮德农山。对欧姬芙而言,皮德农山的独特地貌非常重要,以至于她曾经提到,只要她画得够多,皮德农山就可能归她所有。此山历史悠久,对同属于阿萨巴斯卡语系位于西部的纳瓦霍人和东部的吉卡里拉·阿帕奇人,以及曾经生活在格兰德河上游的特瓦人都非常重要。纳瓦霍人相信,皮德农山是诞生于闪电和跃动彩虹间的大地之母——变化女神的起源地。无独有偶,阿帕奇人相信平顶山是蜘蛛女看见的第一座山。土著居民用散落在皮德农山的燧石制作工具,包括斧头、箭镞和长矛。人们在新墨西哥州北部和西部的定居点发现了这些工具,其历史可以追溯到公元前7000年,这些工具见证了数千年来居住在这片土地上的土著民族的悠久历史。[7]

在欧姬芙更宽广的视野里,高原继续向外延伸,西至大峡谷,北至盐湖城。她和友人结伴前往高原的边缘地带。1937年,欧姬芙和安塞尔·亚当斯、大卫·麦克平、奥维尔·考克斯(幽灵牧场向导兼机械师)以及其他朋友还曾一起游历了犹他州的纪念碑谷。早在1929年,她就和查尔斯·科利尔、斯巴达·约翰逊、玛丽·嘉蓝及其丈夫实验电影人亨瓦尔·罗达凯威到访过此地。一张旅途中的照片显示,幽灵牧场的汽车停在一组凸起于平原、造型独特的岩石前(图72),车门上带有幽灵牧场醒目的标志——牛头骨。这个标志源自几年前派克从斯坦利手中买下牧场时,欧姬芙送给他的一幅白描作品,直到今天还在使用。[8] 欧姬芙在陶斯时就对科罗拉多高原的东部边界有所了解,格兰德河大

上图｜图70.《幽灵牧场风景》，约1936年，布面油画，30.5厘米×76.2厘米。杰罗姆·维斯海姆赠送。乔治亚·欧姬芙博物馆，圣塔菲，新墨西哥州，美国（2005.02.001）

下图｜图71.84号公路上看到的风景，靠近幽灵牧场

图72.乔治亚·欧姬芙在犹他州纪念碑谷,1937年,明胶银盐照片,10.2厘米×14.6厘米。乔治亚·欧姬芙基金会赠送。乔治亚·欧姬芙博物馆,圣塔菲,新墨西哥州,美国(2006.6.753)

裂谷有一条深深的地裂(世界上最大的火山盆地瓦勒斯火山口就位于大裂谷附近)。高原总面积约36万平方千米,幽灵牧场虽然占地不大,但也是其中重要的一部分。该地区气候干旱,因此地表植被稀少,而季节性暴雨洪流的侵蚀造就了当地沟壑纵横的独特地貌。[9]

欧姬芙去西边的谢伊峡谷参加了一次游行,还去了特鲁查斯和特朗帕斯,这两个村庄均建在桑格雷·德·克里斯托山脉的山脚下。游历多地后,欧姬芙大胆地进入了丘斯卡山脉,该山脉从新墨西哥州西部一直延伸到亚利桑那州。驾车旅行中,她途经比斯蒂荒原,一处位于茶科峡谷正北方向、不容错过的地理奇观,也是一处可以追溯到公元1100年的土著居民群居地。比斯蒂荒原，现在被称作德－纳－津荒野，包括纳瓦霍族保留地中近100平方千米的区域。由页岩、灰石和石灰岩形成的松软山丘拔地而起，山丘的顶部覆盖着灰色的岩石或螺旋状尖顶，点缀着原本平坦的区域。这里距离幽灵牧场有几百千米，欧姬芙在多幅油画中都描绘了这些色彩独特的土丘。在前往"黑色之地"，即后来被她描述为看上去仿佛"一英里长的象群"的地方时，欧姬芙有时候还会带上她的暹罗猫和玛利亚·沙博，后者是一位痴迷于印第安艺术的有抱负的作家，欧姬芙是通过玛丽·威尔莱特结识此人的。1937年，在纳瓦霍药师霍斯汀·克拉的帮助下，富有的波士顿人玛利亚在圣塔菲建立了纳瓦霍族仪式博物馆（后更名为威尔莱特博物馆）。在这些旅行中，欧姬芙会携带帆布帐篷和食物补给，包括咖啡和燕麦片，以便夜间露营和白天实地作画。她唯一一次戴手套作画就是在"黑色之地"，那次天气特别寒冷，那个地方给了她和沙博一个下马威，风直接将咖啡从两人的杯中吹走了。[10]沙博拍摄到一天早晨欧姬芙坐在帐篷口的情景，她穿着裤脚折叠起来的牛仔裤、黑色背心和有着羊毛内里的鹿皮靴（图73）。这是欧姬芙为数不多的没有摆拍姿势的照片，她当时正好坐在一张折叠椅上梳理头发，面朝右侧，她的面部在帐篷内部的三角形阴影衬托下轮廓分明。沙博通过摄影保留下两人丰富的旅行档案。

和其他画家对沙漠风景的描绘一样，欧姬芙也经常聚焦于比斯蒂荒原的灰色结构。大多数情况下，她会裁剪掉天空，将观众

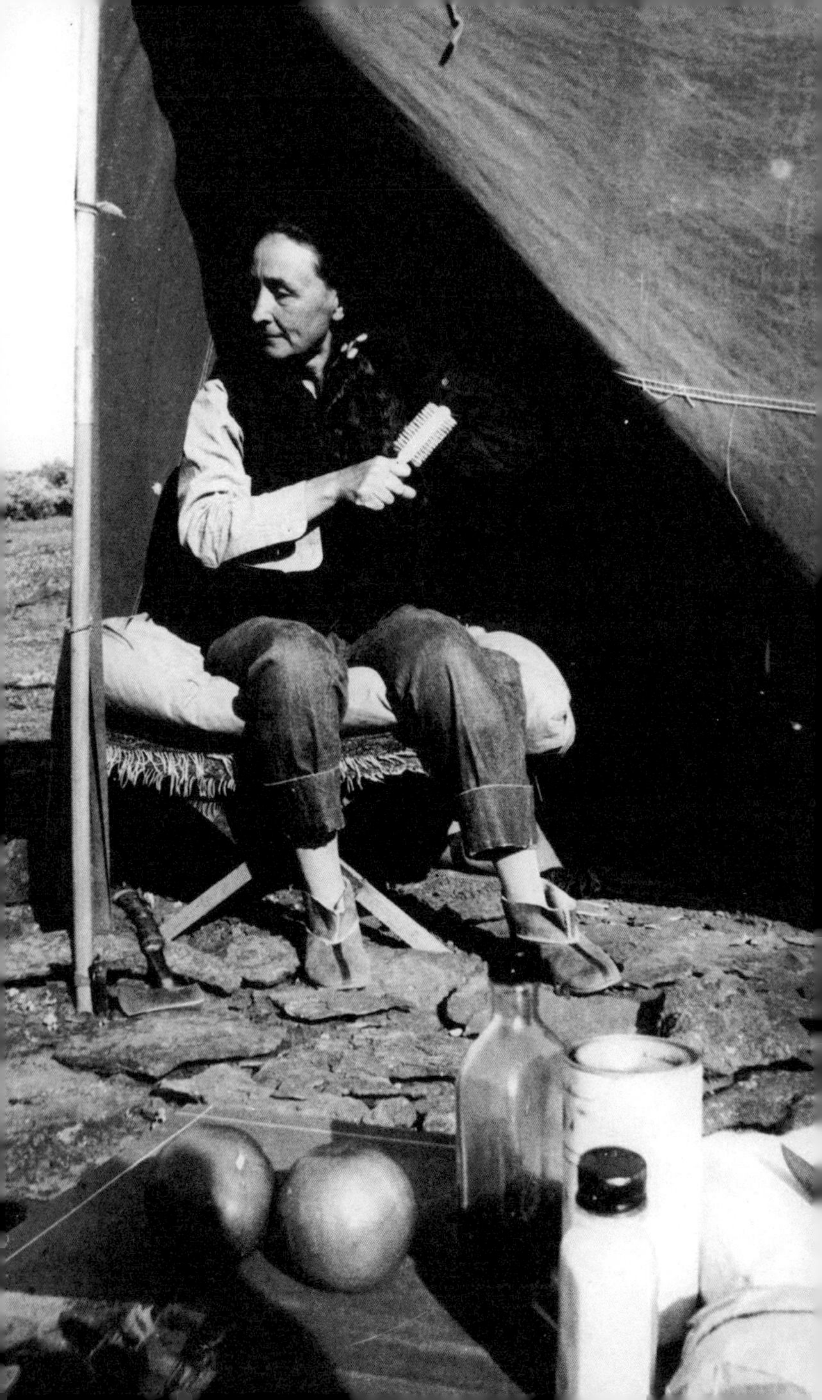

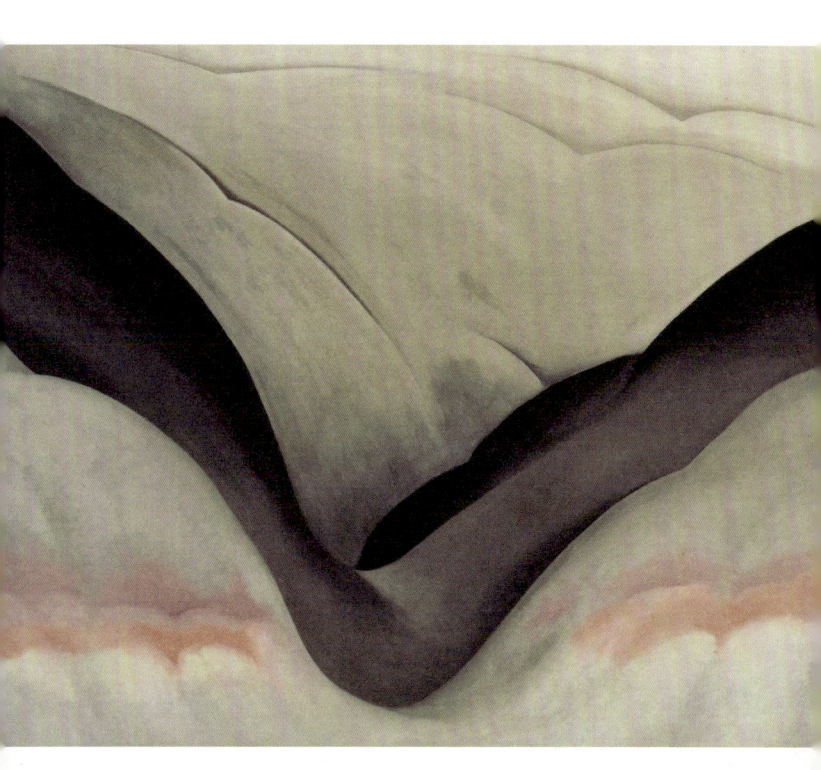

对页图｜图73.玛利亚·沙博摄，乔治亚·欧姬芙清晨在黑色之地，1944年，明胶银盐照片，27.9厘米×19厘米。玛利亚·沙博赠送。乔治亚·欧姬芙博物馆，圣塔菲，新墨西哥州，美国（RC.2001.2.101d）

上图｜图74.《黑色之地，灰色和粉色》，1949年，布面油画，91.4厘米×121.9厘米。贝内特基金会赠送。乔治亚·欧姬芙博物馆，圣塔菲，新墨西哥州，美国（1997.06.30）

的视线引导到大地的微妙颜色和纹理构成上。她的作品《黑色之地，灰色和粉色》（图74）正中是一个木炭色的V形裂隙，周围环绕的淡粉色地层结构标志着水流冲积后的河道。欧姬芙在多幅"黑色之地"系列油画作品中，均描绘了分割两座小山的独特地裂，有时描绘得细致入微，有时则会聚焦裂谷闪电般的形状。断层线将画布一分为二，愈发增强了地貌自带的阴沉气息，让人回想起大约20年前她创作的"特别"系列作品。欧姬芙始终渴望透过作品来表达某种情感或身体感受，如今她试图通过切断山与环境中其他元素的连接，专注于山体本身的烟熏色以强化她想表达的这种隔离感。

欧姬芙描绘了她杜撰出的"白色之地"，又称"布兰卡广场"，与"黑色之地"形成对比。布兰卡广场离她家更近一些，由一系列砂岩峭壁构成，颜色苍白，造型独特。与"黑色之地"系列一样，以"白色之地"为主题的画作同样采用了裁剪和放大的技巧。这些作品中的景观呈现出异域风情，超凡脱俗，它们与已知世界的景观截然不同，以至于观众们肯定会认为这是一片不毛之地（图75、图76）。

1937年，欧姬芙搬进了距离幽灵牧场大约五千米的伯乐斯牧场，并在那里建立了自己的工作室。此地最初是派克家族在峭壁下建造的，后来租给了新来的游客。除欧姬芙外，这间牧场也接待其他幽灵牧场的游客，但这位艺术家开启了对牧场的改造，她遵循在纽约养成的极简主义生活方式，重新整理了牧场房间的内部装饰。她甚至还改造了建筑的结构，扩大了一处窗户，让光

左图｜图75.《部分峭岩》，1946年，布面油画，91.4厘米×50.8厘米。乔治亚·欧姬芙基金会赠送。乔治亚·欧姬芙博物馆，圣塔菲，新墨西哥州，美国（2006.05.202）

右图｜图76.新墨西哥州阿比丘布兰卡广场的峭岩

线能够从北侧透进来。在作品《我居住的房子》(图62)中,欧姬芙将这间黏土屋子的北侧和窗户一并画了进去。我们可以在她工作室的前门廊位置,看见醒目的平顶皮德农山。

欧姬芙完成安置后,继续频频出游,足迹遍及美国西南部地区。1938年,欧姬芙前往故乡弗吉尼亚州威廉斯堡,去接受威廉和玛丽学院授予她的荣誉学位。学院同期举办了这位艺术家的作品展。[11]仅仅几年后,威斯康星大学授予欧姬芙艺术与文学博士学位,她和依然居住在太阳草原的家人一起参加了授予仪式。[12]欧姬芙在当时颇受关注,1938年2月的《生活》杂志称她为"全国最负盛名的画家"。这份四页纸的专访用艺术家和骨头之间的联系做文章,宣称"欧姬芙将死去的骨头转变为鲜活的艺术"。《生活》杂志使用了安塞尔·亚当斯在1937年到访新墨西哥州时拍摄的照片。[13]当时这本杂志创刊才两年,文章从欧姬芙两处家园的角度出发解析了这位艺术家。在三张公开的照片中,有一张亚当斯拍摄的欧姬芙在幽灵牧场手持动物骸骨的照片(图69),另外两张是她在纽约家中的照片,照片中她的关注点显然是在看上去仿佛放错地方的西南部挂饰上。其中一张照片以挂在屋顶砖墙上的牛头骨为中心,欧姬芙站在它的右侧,背对着镜头,温柔地抚摸着牛头骨的鼻子;第二张照片是艺术家在工作室里的场景,前景是支起的画笔,背景是欧姬芙正在审视另一个动物头骨。欧姬芙在三张照片中均未看镜头,相反,这些骨头抓住了她的目光,完全吸引了她。同样,西南部似乎也在远方牵动着她的目光。任何读者都能看出,欧姬芙收集的骨头是她的纪念品。当这些骨头从幽灵牧场被送到纽约的住所时，它们已然成了新墨西哥州的象征。这些象征拉近了纽约同"远方"的距离。

欧姬芙感受到了身心不在一处的分裂感，渴望能够不只是在夏季的几个月停留在新墨西哥州。尽管如此，她还是根据自己的个人兴趣和工作责任将时间分散到不同的地方。事实上，在《生活》杂志出版后的次年，欧姬芙便踏出了自己熟悉的区域，走向更远的地方——美国中西部和东海岸地区。在艾耶父子广告公司的赞助下，她独自一人前往夏威夷。该公司代表都乐菠萝公司联系欧姬芙，希望艺术家能为他们的广告绘制菠萝。1939年1月，欧姬芙离开纽约，前往夏威夷。最初几周，她把大部分时间都用在社交活动上。渐渐地，她开始将注意力放在画瓦胡岛、夏威夷岛和考艾岛上的海滩、峡谷、山脉、熔岩桥和动物上。在三个月的旅行中，欧姬芙创作了20幅油画，没有一幅画里有菠萝。她对画菠萝的排斥可能是与都乐菠萝公司之间的消极互动造成的。在旅行过程中，欧姬芙曾要求与工人们同住在公司种植园的茅草屋里，却遭到了拒绝，这似乎是双方关系恶化的起因。尽管欧姬芙声称自己是一名工人，但公司仍断然拒绝了她的请求，给出的理由是岛上严格的阶级制度。[14]也许是出于反抗，欧姬芙拒绝将菠萝作为自己的作品主题，而是利用这段时间去探索新的地貌。她拍摄了火山岩、鲜花、甘蔗田、茅草屋和独木舟棚屋的照片。和其他人一样，欧姬芙也是一名游客，她曾在毛伊岛哈拿的天然岩石群前摆出姿势让哈罗德·斯坦拍照（图77）。

欧姬芙在夏威夷完成的画作将于次年在"一个美国人的地方"

图77.哈罗德·斯坦摄,乔治亚·欧姬芙在夏威夷,1939年,明胶银盐照片,12.7厘米×11.4厘米。乔治亚·欧姬芙基金会赠送。乔治亚·欧姬芙博物馆,圣塔菲,新墨西哥州,美国(2006.6.0754)

画廊展出。在夏威夷,她会用钓鱼线绕成圆圈,并把线上色彩明亮的羽毛挂在画布的左侧,作为水景的取景框。她还富有想象力地把绕成圈的钓鱼线当作镜头。这样一来,镜头中心和边缘的景观会被扭曲和放大,其他景观则被向后推到了空间中。一条海天之间的地平线缓缓地进入观众的视线,形成一种视觉上的回响。欧姬芙直到返回纽约后,才画了一棵正在发芽的菠萝树,这棵树是都乐菠萝公司空运给她的。《周六晚邮报》《麦考尔》《时尚》随后刊登了这一广告,欧姬芙在夏威夷绘制的画作成了其中一大亮点。

1939年5月,纽约世界博览会开幕,该博览会的名称是激动人心的"明日世界"。尽管德国的崛起和日本侵占中国东北使未来变得不确定,但此次展会还是让人们对于科技的最新发展产生了普遍的兴趣。博览会甚至设置了一个"生产和分销"主题展馆。杜邦钢铁和伊士曼柯达作为参展企业,在展会上扬名全美。展会认可欧姬芙是过去半个世纪12位最有成就的女性之一,这令她声名大振。欧姬芙的艺术前景看似一片光明,但她再次受到精神疾病的折磨。不久后,她经历了一次精神崩溃,这使得她只能卧病在床,当年也未能前往幽灵牧场。欧姬芙整个夏天都是在乔治湖畔的家中度过的,她告诉友人亨利·麦克布莱德:"如果为了健康而要过如此枯燥的生活,那么我宁愿选择死掉。"两周后,德国入侵波兰的消息传到了欧姬芙和斯蒂格利茨耳中。这个消息对斯蒂格利茨造成了巨大的打击,他因此而发作心绞痛。[15]

第二次世界大战对新墨西哥州和其他方面的影响

1940年夏天,欧姬芙回到幽灵牧场。当帕克告诉她没有空房间时(她没有提前预订),欧姬芙冲动地提出要买下房子。令她满意的是,帕克答应了。帕克和欧姬芙之间的关系曾数次因两人的性格差异而濒临破裂,帕克很容易被说服,欧姬芙却固执己见。这次购房在某种程度上拉近了两人的关系,同时也赋予了身处大牧场的欧姬芙一定程度的自主权。购房交易后不久,欧姬芙激动地写信告诉斯蒂格利茨这件事:"我用3000美元买下了这栋房子,而早在七年前我就花了1400美元来建设它。除了这里,我不愿去其他任何地方。居住在远离尘嚣的地球这一端,几乎不会有人来看我,于我而言,这是一种非常舒适的生活方式,我喜欢这样。"欧姬芙在53岁时购置了自己的第一栋房子。住宅为她提供了一个全新的绘画主题,同时也激发她创作更多的组合画面,这些画面的多重视角来自她对幽灵牧场(住宅所在地)大环境的观察。她会坐在屋顶上眺望远处的风景,也会在星空下入眠(图78),这种观察视角激发欧姬芙创作出了大幅布面油画《登月之梯》(图79)。在这幅画作中,除了底部的一小块山景,画面几乎全是青绿色调。皮德农山在广阔的天空映衬下轮廓分明,一把浅棕色的木梯子完美地飘浮在上方,如同那些盘旋在新墨西哥州天空中的骨头一样。苍白的半个月亮位于梯子上方。就像欧姬芙画的巨大木十字架和陶斯山脉一样,她将两种独立的元素融合在了一起。在这幅作品中,欧姬芙将借助梯子爬上罗斯·博罗斯的屋顶的经历,以及坐在屋顶上看到的风景融为一体。她写道:

  一天晚上,我在等一个朋友时,倚着梯子望着远处皮德农山那绵延起伏的深色山脊线。天空呈浅蓝绿色,白色的月亮高悬在夜空中。我想画梯子很久了,伴着黑色皮德农山和高高的一轮银月,一切就绪,就待第二天画出来了。[16]

左图｜图78.玛利亚·沙博摄，乔治亚·欧姬芙坐在幽灵牧场家里的屋顶上，1944年，明胶银盐照片，12.7厘米×8.9厘米。玛利亚·沙博赠送。乔治亚·欧姬芙博物馆，圣塔菲，新墨西哥州，美国（RC.2001.2.122a）

右图｜图79.《登月之梯》，1958年，布面油画，102.1厘米×76.8厘米。艾米丽·费雪·兰道赠礼。惠特尼艺术博物馆，纽约，美国（P.2010.216a-b）

　　欧姬芙在作品中的单独景物和风景，既是形式元素，也是记忆手段。从这个意义上说，梯子看上去很有意思，代表着她爬上幽灵牧场住宅屋顶的那次非常具体的记忆和实践。也就是说，作品中的梯子成了一个进入记忆世界的入口，即使是在多年以后。

　　沙博是圣安东尼奥本地人，她是圣塔菲开设印第安市场的重要推动者。欧姬芙冬天居住在纽约时，沙博会帮她看管幽灵牧场的房屋。欧姬芙一般会于冬季在"一个美国人的地方"画廊举办个人作品展，和东海岸的友人一起参加波士顿交响乐团或布达佩斯四重奏的音乐会。[17]欧姬芙居住在新墨西哥州时，沙博作为她的挚友始终陪伴左右（一直到20世纪40年代后期），帮助她打理日常事务，比如维护家里的发电机、雇佣做饭和清洁的工人、保养汽车等。就像沙博自己所言，她所做的事情对欧姬芙来讲是"实用"的，而欧姬芙的所作所为对她来说是"启蒙性"的。[18]在写给欧姬芙的信中，沙博戏称自己是"雇工"。[19]当地的西班牙裔妇女经常会来为艺术家工作。多年以来，欧姬芙越来越喜欢这些人，坚决不用"仆人"这类词来指代她们。不仅如此，她还促成了一位西班牙裔妇女博尼·马丁内斯的婚姻，甚至为马丁内斯的未婚夫准备了婚戒。欧姬芙还曾与马丁内斯的儿子麦克斯在幽灵牧场前合影（图80）。

如果欧姬芙觉得买了这处居所就是生活在世界的边缘，那么在阿比丘的群山之间寻找孤独的感觉，就将与紧接着席卷美国的十年战争形成鲜明的对比。1941年12月7日，在日本轰炸夏威夷的珍珠港后，美国对日本宣战，继而向德国宣战。随着全球冲突带来的冲击，偏居在幽灵牧场的生活逐渐变得艰难。橡胶在战争时期变成了稀缺品，这使得欧姬芙很难为两辆车买到新轮胎，其中一辆旅行车是她从艾斯帕诺拉展销中心的亨特·福特公司购

对页图 | 图80.玛利亚·沙博摄，幽灵牧场露台上乔治亚·欧姬芙和麦克斯·马丁内斯的合影，1944年，明胶银盐照片，12.7厘米×8.9厘米。玛利亚·沙博赠送。乔治亚·欧姬芙博物馆，圣塔菲，新墨西哥州，美国（RC.2001.2.131c）

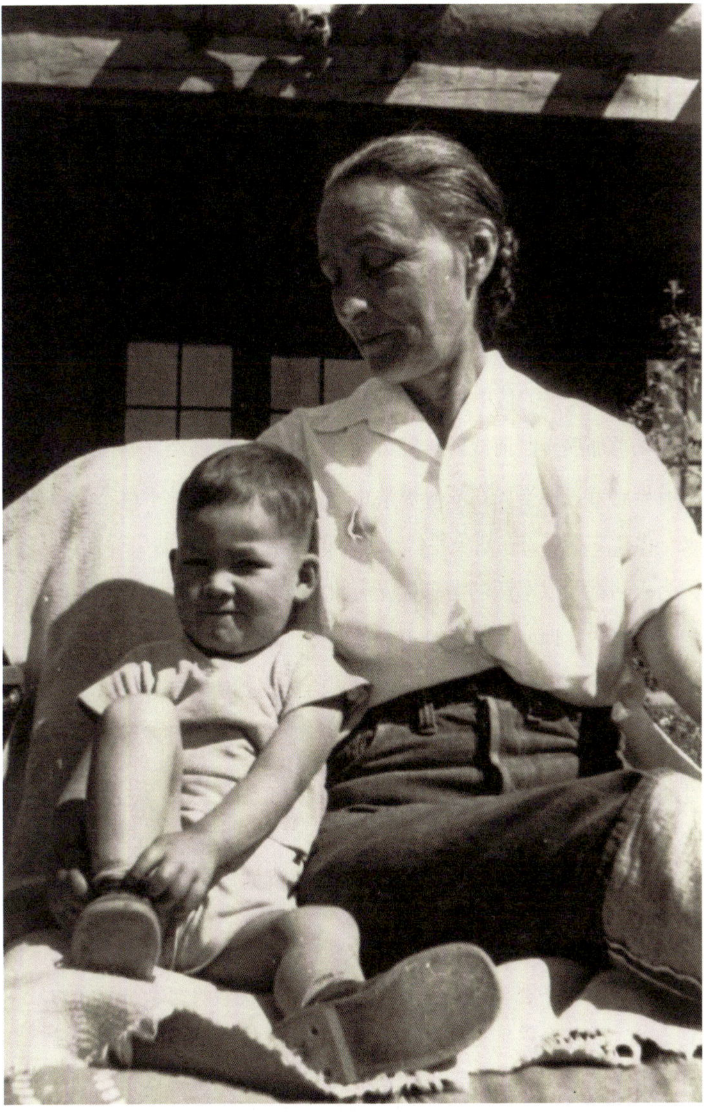

买的。当时，日本切断了美国与主要的天然橡胶出口国印度尼西亚之间的联系。对欧姬芙而言，这意味着她的车轮胎将继续保持磨得光秃秃的状况，而幽灵牧场的崎岖土路又加剧了轮胎的磨损。不仅如此，欧姬芙和沙博还要应付当地的轮胎小偷，被盗轮胎会在日益兴盛的黑市上进行交易。因此，她外出时会让当地经销商将她的轮胎都储藏起来。[20]

第二次世界大战对欧姬芙、对整个美国、对斯蒂格利茨，甚至是她"遥远"的新墨西哥州居所，都产生了方方面面的影响。欧姬芙在给丈夫的信中写道，在从纽约前往新墨西哥州的火车上，她遇见了那些奔赴前线的年轻男孩子。此前，她已经开始搭乘商业航班旅行，但平民在战时被禁止乘坐飞机，因此她不得不改坐火车出行。不过，在战争年代，火车也并非万无一失的出行方式，因为一切都要以军队的需求优先。欧姬芙相信，作为一个"纯粹的艺术家"，即使是火车也未必能保障她顺利地往返于纽约和新墨西哥州。[21]虽然乘火车旅行也不太稳定，但她还是选择了火车。和过去一样，乘坐火车已经成为一种她对于空间和景观形成感知的交通方式，为她感知20世纪40年代的美国提供了一个契机。1943年，在前往西南部的火车里，欧姬芙给丈夫写了一封信，像往常一样，她在信中详细讲述了自己接触到的每件事和每个人：

火车在拉顿停靠了五分钟，我下车散步，呼吸新鲜空气。我以为牧场上的牛会比平日多——也许是因为我喜欢想象牛排在四处走动，在我们可能会再次享用之前，它们可以在未来一段时间内不断成长。我和在火车上售卖印第安首饰的人聊了很久，他们找不到足够的银来开工，银在很长一段时间内都不会够用。车窗外，"我美丽的世界"看上去是如此寂静和空旷，茶色的空间中横亘着绿色和紫色的条纹。是的，我知道你也会喜欢……[22]

战争时期，肉类定量供给，欧姬芙对肉类的渴望是如此强烈，以至于她想象的是牛排而非奶牛漫步在拉顿。这些短缺仅仅是普通物品被限制的一个缩影，每个人都得勒紧裤腰带，从 1942 年开始，人们需要凭借政府发行的食品券购买食物。欧姬芙很担心留在纽约家中的丈夫，尤其是斯蒂格利茨在去乔治湖短途旅行的途中丢失了政府分发的糖类食品券。糖和咖啡是战时受到最多限制的两类商品。

此外，供暖所需的燃油也变得非常紧缺。由于小公寓更容易加热变暖，1943 年，欧姬芙和丈夫不得不离开两人自 1936 年起就一直居住的东 54 街 405 号顶层大公寓，搬到东 54 街 59 号的一套小公寓里，以解决供暖问题。这套公寓距离"一个美国人的地方"画廊很近，步行就能到达。战争时期，很多人家里缺少供暖，包括哈勒姆文艺复兴的画家博福德·德莱尼。德莱尼以"工作室没有暖气，需要取暖"为由替许多艺术家做模特，并因此闻名。欧姬芙也曾以他为模特画了一系列炭笔和粉笔素描。后来，欧姬芙满怀深情地回忆说，尽管她记不清是在哪里遇见德莱尼，但不管是在玛丽·卡勒的工作室，还是在"她自己的地方"，她都对德莱尼印象深刻，并认为"这是一个非常特别的人"。[23]当时，欧姬芙的作品在"一个美国人的地方"画廊长期展出（比其他艺术家的作品展出时间都长），而德莱尼恰好是画廊的常客，很推崇欧姬芙的作品。后来,欧姬芙认为应该像其他人一样,为特别的德莱尼创作一幅肖像画,但她的画风将会是独特的(图81)。欧姬芙还采用相同的手法和写实度为多萝西·舒伯特(斯蒂格利茨的侄女)绘制了肖像画。

虽然新墨西哥州似乎没有受到战争的影响,也没有纽约(欧姬芙称其为"煤渣堆")居民的那些担忧,但欧姬芙还是通过订阅《纽约时报》来了解国际时事。[24]她为此设计了一套流程:斯蒂格利茨在纽约的顶层公寓收到报纸后,会将其寄往新墨西哥州。随后,邮寄的报纸会在出版数日后到达幽灵牧场,成为她与外界保持联系的方式。她坚持请斯蒂格利茨不间断地邮寄报纸,尤其是关于"入侵"的消息,这毫无疑问是指诺曼底登陆。[25]在此之前,欧姬芙就目睹了海外冲突对新墨西哥州造成的直接影响。事实上,十个日裔美国人拘留营中就有一个坐落在圣塔菲,在距离她幽灵牧场的家约 100 千米外的旅游城市中。圣塔菲拘留营(1946 年关闭)现位于卡萨索拉纳附近,1942 年和位于新墨西哥州南部的另一座拘留营同时建立。两处营地均是在珍珠港事件后,经过罗斯福总统签署生效令后启用的。欧姬芙去看牙医时,遇到了不少圣塔菲拘留营中的日裔美国人。在一封写给丈夫的信中,她言语尖刻地称这些人生活和工作的拘留营为"集中营"。尽管她留下的文字并不多,但显然这些人对她产生了不少影响,她将美国拘留日裔美国人的行为类比为纳粹德国的集中营。欧姬芙用一贯简洁而敏锐的语气描述这些穿着"工人服装"的人,她仔细观察他们,称其为一群"非常强壮的中年男人,其中一位留着长长的灰色软

图81.《博福德·德莱尼》，约1940年，水粉画，50.8厘米×38.1厘米。柯蒂斯画廊，明尼阿波利斯，明尼苏达州，美国

胡须"。[26]即使到了今天,当地的老年人还记得营地的位置,以及它给这座小城带来的阴霾。

欧姬芙的作品不带有任何政治倾向。她认为自己的作品可能美化了现实,即使是经过暴力破坏后的现实。在新墨西哥州,天空是永恒不变的,那深沉而凝练的蓝色引人沉思,在欧姬芙心中,天空本身可能就是战争结束后唯一剩下的东西。正如欧姬芙在"一个美国人的地方"画廊的目录中所描述的,骨盆骨在蓝色天空中起着取景框的作用,成为一个可以用于观察的镜头。她甚至将自己画骨盆骨同幼年吃甜甜圈的习惯相比较,她总是想把最好的部分留到最后:

> 所以或许没有改变多少,当我开始画骨盆骨时,我会透过骨头间的那些孔洞进行观察。在我的世界里,天空远多于大地。我在阳光下举起骨头,透过孔洞看见蓝色的天空。在蓝天的映衬下,骨头显得格外亮眼。那种蓝色即使在人类毁灭后,也将会如同现在一样存在。[27]

在"骨盆骨"系列作品中,骨头看起来更像是洞穴,在空间中延伸的洞穴。欧姬芙1944年创作的《骨盆骨4号》(图82)描绘了蓝色天空下的灰色骨头,不规则的骨头轮廓勾勒出蛋形的天空,背景中隐约可见悬浮的月亮。当沙博看到"骨盆骨"系列作品的复制品时,将其比作门。对沙博而言,它们代表着开口,甚至是开始。[28]而对欧姬芙来说,骨头与天空的关系是物体相互之间,以及物体与空间之间的推拉关系。人们可能会认为骨头是负空间，而欧姬芙的诠释却恰恰相反。举个例子，当欧姬芙请记者布兰奇·马提亚斯描述他俩一起散步的眼前风景时，马提亚斯说："我看见蓝天下的绿树掩映。"而欧姬芙却说："我看到蓝天掩映在绿树之间。"[29]

随着战争的继续，沙博试图为胜利贡献一份力量——种植粮食。尽管她知道得克萨斯州的朋友们在战争输赢上有着切身利益，但附近没有可以工作的工厂，于是她开始了被欧姬芙称为"战争努力豆"的种植。然而，这个努力以失败告终，因为沙博无法通过该地区的灌溉管理系统获得足够的灌溉用水。[30]得克萨斯州的大部分男人被征召入伍，留下女人种植庄稼，但女人还得兼顾家庭琐事，因此庄稼也种不好。欧姬芙抱怨说，该地区留下来的人太懒了，甚至不能像往常一样继续种植庄稼。然而更合理的解释是，战争导致当地的劳动力严重匮乏。更重要的是，通过建设沟渠来维护本地区的正常用水通常是男性应该完成的工作，但本地区男性人口不足，因而直接导致了供水不足，这也间接影响了种植业。阿比丘西北80千米外的艾尔瓦多大坝控制着从ি约查玛河流入该地区的水量，欧姬芙对此非常清楚。几年后，她画了《早春阿比丘灌溉渠上的树木》（图83），画作以她喜爱的三角叶杨和起伏的灌溉渠线条为主题。可以肯定的是，每个人在这场战争中都经历了艰难困苦，尤其是新墨西哥州人，他们在参加战争的志愿者和应征入伍者中比例最高，伤亡比例也是最高的。在战争中，国民警卫队起到了至关重要的作用，他们先是被编入第200海岸炮兵部队，后来成为第515海岸炮兵部队，参加了日本入侵

上图｜图82.《骨盆骨4号》，1944年，纤维板面油画，91.4厘米×101.6厘米。贝内特基金会赠送。乔治亚·欧姬芙博物馆，圣塔菲，新墨西哥州，美国（1997.06.01）

对页图｜图83.《早春阿比丘灌溉渠上的树木》，1950年，布面油画，76.2厘米×66厘米。乔治亚·欧姬芙基金会赠送。乔治亚·欧姬芙博物馆，圣塔菲，新墨西哥州，美国（2006.05.228）

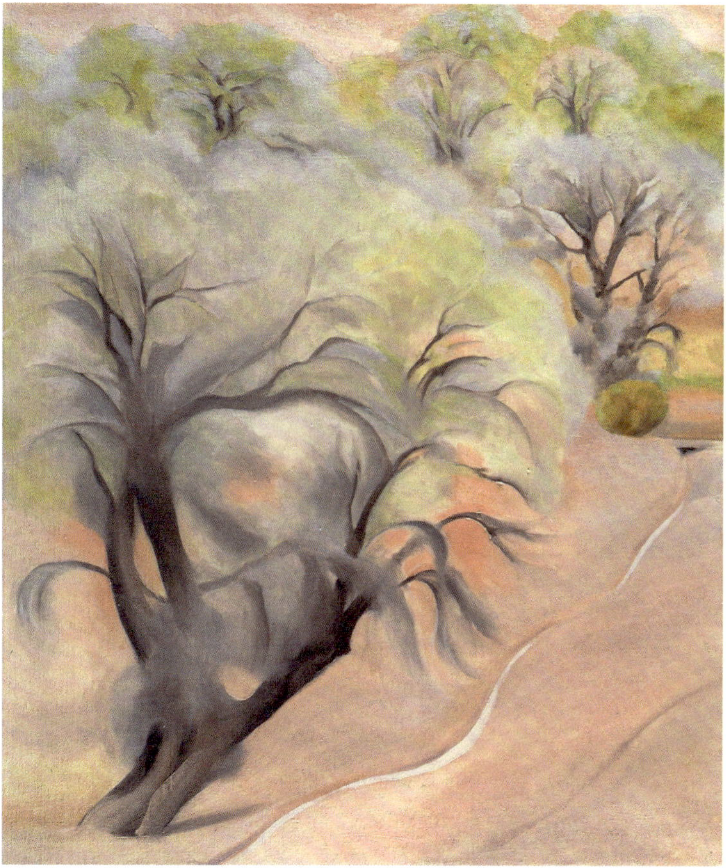

菲律宾最严重时期的巴丹半岛战役。那些在战斗中幸存下来的人，经历了巴丹死亡行军，做了近三年战俘，其中一半的幸存者——西班牙裔、印第安人和盎格鲁人——回到了新墨西哥州。[31]

因为开车和日用品购买受到限制，幽灵牧场家里曾经可用的一些小设施受限明显。尽管牧场有一张 B 级配给卡，享有一些优先权，但也仅能保证最低限度的舒适。汽车基本处于闲置状态，只有偶尔去 24 千米外的博德杂货铺或者去圣塔菲和艾斯帕诺拉长途旅行时才会用到。对牧场上的人来说，马成了最常用的交通工具。亚瑟·帕克和他的新婚妻子菲比需要骑马到 3 千米外的牧场邮箱收发邮件。仅有一辆双轮马车专门用于本地通行。由于几乎人人都面临战争的限额配给，牧场上的居民人数逐渐减少。那些留在牧场的人开始自己制作黄油，种植蔬菜，饲养鸡、猪和牛，以确保鸡蛋、猪肉和牛肉的稳定供应。[32]欧姬芙不愿意完全依赖牧场，因为她与帕克的关系并不稳定，有时还会比较紧张。沙博为了保障稳定的食物供应，尝试寻找过其他渠道，但每次都空手而归，最终她告诉欧姬芙，在幽灵牧场生存下来必须依靠帕克夫妇的共同努力。欧姬芙知道如果想拥有自己的种植园，就必须另寻他处，因为伯乐斯牧场居所附近的泥土根本不适合种植水果和蔬菜。于是，她开始寻找另一处居所，一处有条件开辟种植园的居所，也就是说，一处有水权的地产，这体现了新墨西哥州北部的传统渠道管理制度。后来，欧姬芙的种植园成了房产最珍贵的部分，能给她提供全年所需的大部分水果和蔬菜。

水在新墨西哥州北部既是争论的焦点，也是尊严的象征。灌溉渠系统可以说是一把双刃剑。欧姬芙在熟悉这一地区后，知道水对于周围地区意味着什么，尤其是管理各方用水的人的重要性。查玛河经过阿比丘流向幽灵牧场，在两岸灌溉出一片翠绿葱茏，但在更远一些的地方，土地干涸，河道淤塞。多年来，欧姬芙已经很熟悉这条变化无常的河道了，每当她驱车前往伯乐斯牧场时，就可以看见这条河道。1935年，欧姬芙在作品《新墨西哥州幽灵牧场的查玛河（蓝河）》（图84）中画出了这一景观，并且从同一角度拍摄了一张未注明拍摄日期的照片（图85）。欧姬芙意识到新墨西哥州北部地区水源的不稳定性，在写给沙博的信中，她提到了筑坝这个热点话题。1943年，国会计划在"印第安人的土地"上修建格兰德河大坝，这对生活在帕布罗地区的土著居民构成了直接的威胁。《生活》杂志甚至在同年11月发表了一篇配图文章，宣称"大坝威胁帕布罗印第安人"。这个项目后来被否决了，而且并没有引起太多的公众讨论。[33] 几年后，另一个被谈论的联邦大坝计划——阿比丘大坝，终于开花结果，成为现实，大坝淹没了幽灵牧场的部分土地。在大坝建设之前，欧姬芙就清楚，这些旨在控制流量和用水的项目会让水变得更加珍贵。[34] 在这片土地上，拥有水权就如同拥有一座金矿。

当时世界上大多数人都不知道，新墨西哥州是最伟大的科学之乡。科学家们秘密集聚于帕赫里托高原，利用核裂变来制造核武器。洛斯阿拉莫斯的"秘密城市"是理论物理学家J. 罗伯特·奥本海默领导的秘密科学实验室所在地，并由美国陆军工程技术公司承建。洛斯阿拉莫斯的建立和曼哈顿计划的创建，改变了新墨

图84.《新墨西哥州幽灵牧场的查玛河（蓝河）》，1937年，布面油画，77.5厘米×41.9厘米。乔治亚·欧姬芙地产赠送。新墨西哥艺术博物馆，圣塔菲，新墨西哥州，美国（1987.312.1）

图85.前往牧场的路上,日期不详,明胶银盐照片,12.7厘米×8.9厘米。弗朗西斯·摩尔·加加林赠送。乔治亚·欧姬芙博物馆,圣塔菲,新墨西哥州,美国(R.C.2006.001.001a)

西哥州北部的面貌，带动了新的就业机会和基础设施建设。一座由混凝土桩构成的桥梁在艾斯帕诺拉的格兰德河上建立起来，以便汽车和大型运输车辆将所需材料运到洛斯阿拉莫斯。许多艾斯帕诺拉居民因此经历了宵禁：晚上十点，桥梁会因为特别交通而关闭。这座桥在促进军事和科学计划的同时，也方便了平民的出行，包括那些前来探访欧姬芙的人，因为它取代了几十年来一直容易受到季节性洪水影响的木栈桥。

1943年后，实验室里的科学家们常常会到幽灵牧场休假，包括尼尔斯·波尔、恩瑞克·费米、乔治·基斯加科夫斯基、理查德·范曼、爱德华·泰勒和奥本海默。他们很神秘，用着假名字，通过"暗语"讲话，而牧场其他居民则被警告不要问他们除了天气或路况之外的问题。[35] 毫无疑问，欧姬芙和其他居住者一样都是在幽灵牧场见到这些科学家的，尤其是在大家齐聚的晚餐时间。1945年7月，科学家们在新墨西哥州南部阿拉莫戈多镇外的三一点测试成果。原子弹威力惊人，它升腾成蘑菇云，整片土地被照射得光彩耀人，许多人认为那是第二次日出。随着两颗原子弹在广岛和长崎落下，第二次世界大战宣告结束，这一事件改变了历史的进程。

阿比丘：欧姬芙的整体艺术

1945年12月，欧姬芙买下一处房产，该房产有资格连接镇上的灌溉渠，从查玛河引入水流。欧姬芙在杂货店老板马丁·博德的帮助下购置了这处摇摇欲坠的大庄园，它原属于何塞·玛利亚·查韦斯将军。欧姬芙已经留意这处庄园一段时间了，她将购买它视作一种个人的成功。当时庄园的实际拥有者是圣塔菲的天主教大主教区，因此谈判的过程非常艰难。欧姬芙获得这处房产后，开始了为期四年的重建，她让沙博监督当地工人的施工（图86）。由于当地的大部分建材被用于建造洛斯阿拉莫斯国家实验室，所以重建的速度很慢。

接下来的一年对欧姬芙来说尤其重要。1946年5月，欧姬芙在纽约现代艺术博物馆举办了一场回顾展，这是该博物馆第一次为一位女性举办回顾展，回顾她的生活和作品。参观者进入展厅时，会看到挂在墙上的艺术家的独特签名。以签名为起点，詹姆斯·约翰逊·斯威尼按照时间顺序排列了欧姬芙的画作，展示了她从花卉意象到新墨西哥州风景的作品。斯威尼写道："欧姬芙艺术的精髓就是强烈的情感表达，直率却总是受到束缚。她通过最严厉的自我剥离才能取得这样的成就。"[36] 斯威尼的评述切中要害，因为欧姬芙的实践有一个关键的环节，那就是剥离细节直到呈现出事物最基本的形式。展会气氛愉快，人们不仅关注欧姬芙，还关注"发现"她的斯蒂格利茨。遗憾的是，就在展览结束前的一个月，斯蒂格利茨去世，享年82岁。这一事件促使欧姬芙从新墨西哥州回到纽约。在接下来的两年里，欧姬芙大部分时间都待在纽约的家里，处理已故丈夫的遗产。最后，她把丈夫的摄影作品及艺术收藏捐赠给了12家机构，其中包括美国和欧洲的现代主义藏品。[37]

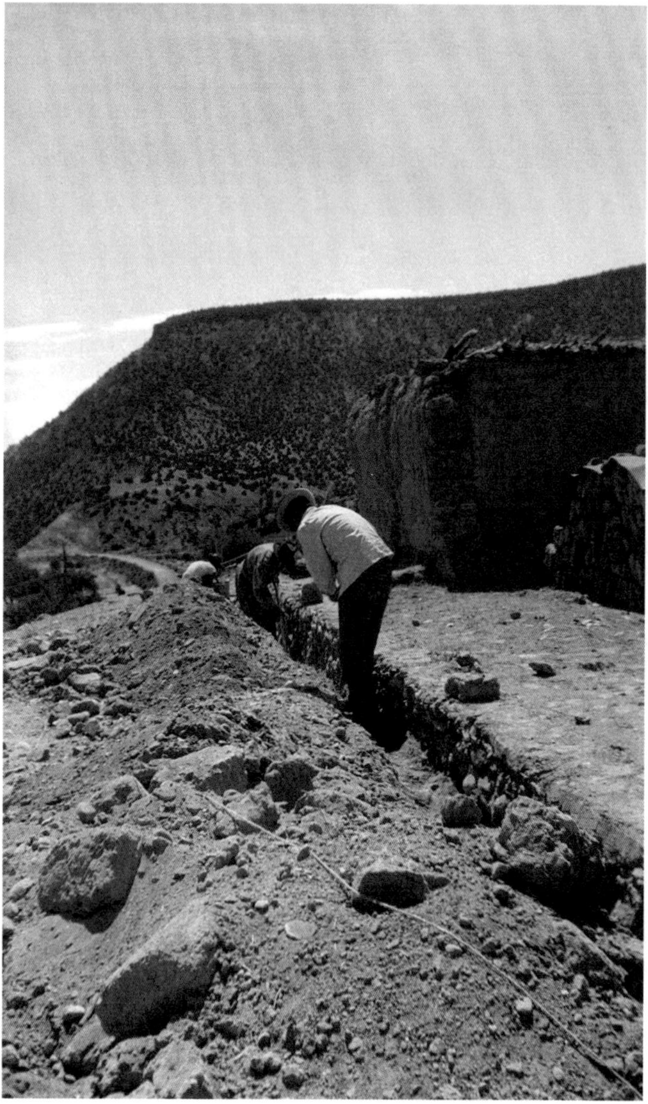

当欧姬芙回到新墨西哥州时，她在阿比丘的房产已经从摇摇欲坠的废墟变成了一座轮廓简单、优美，却又不失地域特色和几何美感的住宅。在沙博的努力下，这座房子融汇了独特的西南部审美和现代设计感，新墨西哥州风格和大都市风格并驾齐驱。因此，在某种意义上，欧姬芙的艺术与她创作和生活的地方是一个整体，共同构成了一件真正的整体艺术，又称总体艺术品。此外，房子使用了本土的传统建筑材料，包括黏土坯、椽及屋梁之间的木片。欧姬芙将室内墙壁刷成白色，并保留了庄园原本的庭院。她在客厅、卧室和工作室里都安装了大块平板玻璃窗，使户外美景一目了然，让光线和景观都能通过巨大的全景玻璃窗进入室内。客厅的全景落地玻璃窗外是一棵巨大的树，窗台上摆放着她收集的岩石。（图87）

欧姬芙的大部分时间都是在工作室度过的，因此她保留了阿比丘家中的工作室及萨利塔。（图88）萨利塔与露台相通，欧姬芙会在里面储备画布，存放那些她珍视的和不喜欢的作品：对于珍视的作品，她会仔细地放入架子上的单元中；对于那些不喜欢的作品，她会从画布中间剪开。此外，欧姬芙还会在萨利塔中存放板条箱和行李箱，箱子上贴满了旅行目的地的标签，大多是艾斯帕诺拉，且大部分物品都是通过火车运送过来的。"红辣椒线"以向北运送红辣椒和黄豆而闻名，是新墨西哥州北部的交通要道。

对页图｜图86. 玛利亚·沙博摄，向东铺设阿比丘住所工作室根基，1946年，明胶银盐照片，24.3厘米×15.7厘米。玛利亚·沙博赠送。乔治亚·欧姬芙博物馆，圣塔菲，新墨西哥州，美国（R.C.2001.2.24a）

上图｜图87.欧姬芙的客厅，1996年。大窗户面向花园
下图｜图88.乔治亚·欧姬芙摄，阿比丘房屋、横木和工作室的门，约1964年，明胶银盐照片，11.4厘米×16.5厘米。乔治亚·欧姬芙基金会赠送。乔治亚·欧姬芙博物馆，圣塔菲，新墨西哥州，美国（2006.6.1393）

图89.《我最后一扇门》,1952~1954年,布面油画,121.9厘米×213.4厘米。乔治亚·欧姬芙基金会赠送。乔治亚·欧姬芙博物馆,圣塔菲,新墨西哥州,美国(1997.06.29)

有段时间,欧姬芙把萨利塔的门漆成了黑色,与土坯墙微妙的棕色形成了鲜明的对比。随着时间的推移,欧姬芙对这扇门和门前小径的铺路石进行了抽象演绎,就像多年前她画的斯蒂格利茨工作室那样。1946~1960年,欧姬芙围绕该主题创作了24幅不同版本的作品。[38]在她的作品《我最后一扇门》(图89)中,萨利塔的墙面是白色的,黑色矩形门下方有一排灰色的正方形。露台的空间"塌陷",地面的水平面和墙面的垂直面仿佛失去了维度。这幅作品没有强调纵深感,只是简单地将一系列几何形状组合起来。虽然第一眼看上去很抽象,但这幅画取材于艺术家真实的生活,取材于她借以进入萨利塔的露台。此外,这也不是她的最后一扇门，而是众多门中的一扇。多年来，这些门的颜色和空间的扁平化不断发生着变化，在欧姬芙1956年的作品《露台门和金色叶子》中，我们可以从一个倾斜的角度瞥见门，且一片树叶正悬浮在半空中。

慢慢地，欧姬芙的家中还融入了丹麦、美国、日本和当地中世纪的设计，以及她自己制作或委托他人制作的家具，包括用当时流行的胶合板材料制作的餐桌、密斯·范·德·罗（现代主义建筑大师）的玻璃面咖啡桌的仿制品。欧姬芙对家中用品非常讲究，为了生活方便，她购买了最现代化的家用电器，甚至连洗碗机都要符合她的审美要求，与家具空间中已经形成的那种清爽的白色调保持一致。她的家具收藏令人印象深刻，包括诺尔公司的"蝴蝶椅"和埃罗·沙里宁的"子宫椅"。欧姬芙家中还有另外两件沙里宁设计的作品：一件铸铝的大理石台面柱脚桌和一把郁金香椅。她会根据自己的想法改变伊姆斯设计的两张躺椅和一把钢丝椅的位置。她的餐桌上方挂着一盏野口勇设计的"Akari"系列灯饰（一种和风纸灯，"Akari"在日语中为"あかり"，意为灯光、光亮）。欧姬芙会经常调整座椅的位置，其中就包括两把埃德加·巴特鲁齐和杰克·瓦尔德海姆设计的苏丹式躺椅、哈利·贝尔托亚设计的"小鸟沙发椅"和软垫脚凳。她甚至还拥有一件亚历山大·考尔德的动态悬挂雕塑。在约翰·伦加德为幽灵牧场的家拍摄的照片（图90）中，欧姬芙的卧室正上方就悬挂着这件雕塑，背景是艺术家本人的画作《我最后一扇门》，这件雕塑也挂在欧姬芙的阿比丘家中。欧姬芙将这些装饰品与纳瓦霍纺织品和

上图 | 图90. 欧姬芙在幽灵牧场的卧室，1967年。亚历山大·考尔德的动态雕塑作品从天花板上悬垂下来
下图 | 图91.欧姬芙的工作室，朝向东北方向的查玛河谷，1996年

其他土著陶器摆放在一起。显然，她对于家具的品味相当前卫，既带有地方特色又不失个人风格。欧姬芙在两处居所中安置摆放物品的方式，展示了她用一种简约而巧妙的方式管理自己家庭空间的能力。（图91）

对欧姬芙而言，两处居所为她提供了喘息的机会，但是她也以款待朋友参加晚宴、挽留友人而著称。摄影师是晚宴的常客，他们着迷于欧姬芙的绘画作品，以及她生活和工作的空间。欧姬芙的生活和艺术是合二为一的，尽管看上去她独自居住在新墨西哥州北部的家中，但是通过添置现代家具，邀请各方友人前来做客，她在家中架起了自己与更广阔外部世界之间的桥梁。制作人玛丽·卡勒、多瑞斯·布莱、经销商威廉·基斯卡登和英国小说家克里斯托弗·伊舍伍德都在20世纪40年代晚期拜访过她，其他人也纷至沓来。欧姬芙从卧室看见的那条道路，曾多次出现在她不同的作品中，因为那是一条连接她和外部世界的动脉。

CHAPTER 4

第四章
《云上天空1号》
家在途中

图92.《云上天空1号》，1962~1963年，布面油画，91.8厘米×122.6厘米。贝蒙基金和乔治亚·欧姬芙基金会赠送。乔治亚·欧姬芙博物馆，圣塔菲，新墨西哥州，美国（1997.05.14）

欧姬芙70多岁时，开始创作一个由七幅作品组成的系列，作品内容为天空和无边无际、渐渐远去的云。其中，《云上天空1号》（图92）展示了朵朵白云铺陈在淡蓝色天空平面上的景象。云层逐渐向远处的淡粉色地带退去，在云层的衬托下，一条光带看起来仿佛是地平线。地平线通常用于定义天空和地面之间的边界，但在这幅作品里，它被巧妙地用于定义天空和云朵间的层次。

欧姬芙将该系列命名为"云上天空"，对于该系列作品的灵感，她是这么说的："有一天，当我飞回新墨西哥州时，下面的天空是一片非常美丽的纯白色，看上去十分安全可靠，我想如果门开了，我就可以踏着它走到地平线上。"[1]她最终画的云是散开的，露出了蓝天。画作并没有还原记忆中的纯白天空，而是将白色的扇贝状云朵不规则地放置在蓝色的背景上。尽管同一系列的七幅作品都各有不同之处，但是七幅作品中的云都采用了向远方退去的形式。该系列的第一幅画向我们展示了一幅浓墨重彩的云图。后来，在《云上天空4号》（图93）中，云被画得更扁平、抽象，仿佛竖立了起来。作品中的云朵呈现出铺路石的形状，似乎在邀请观众走上去，完美地还原了欧姬芙的记忆。这种程式化的表现形式让人想起她在得克萨斯州时，在《特别系列15号》（图22）中对云彩的描绘。两者的主要区别在于，《特别系列15号》基于风景完成，遵循了重力定律，而"云上天空"系列则描绘了一种缥缈的天空景象，既不是我们从地面上看见的样子，也不是透过飞机舷窗看到的景象，而是仿佛我们正置身于天空和云

图93.《云上天空4号》，1965年，布面油画，243.8厘米×731.5厘米。保罗·加布里埃拉罗森鲍姆基金会有限制的赠送，乔治亚·欧姬芙赠送。芝加哥艺术学院，芝加哥，伊利诺伊州，美国（1983.821）

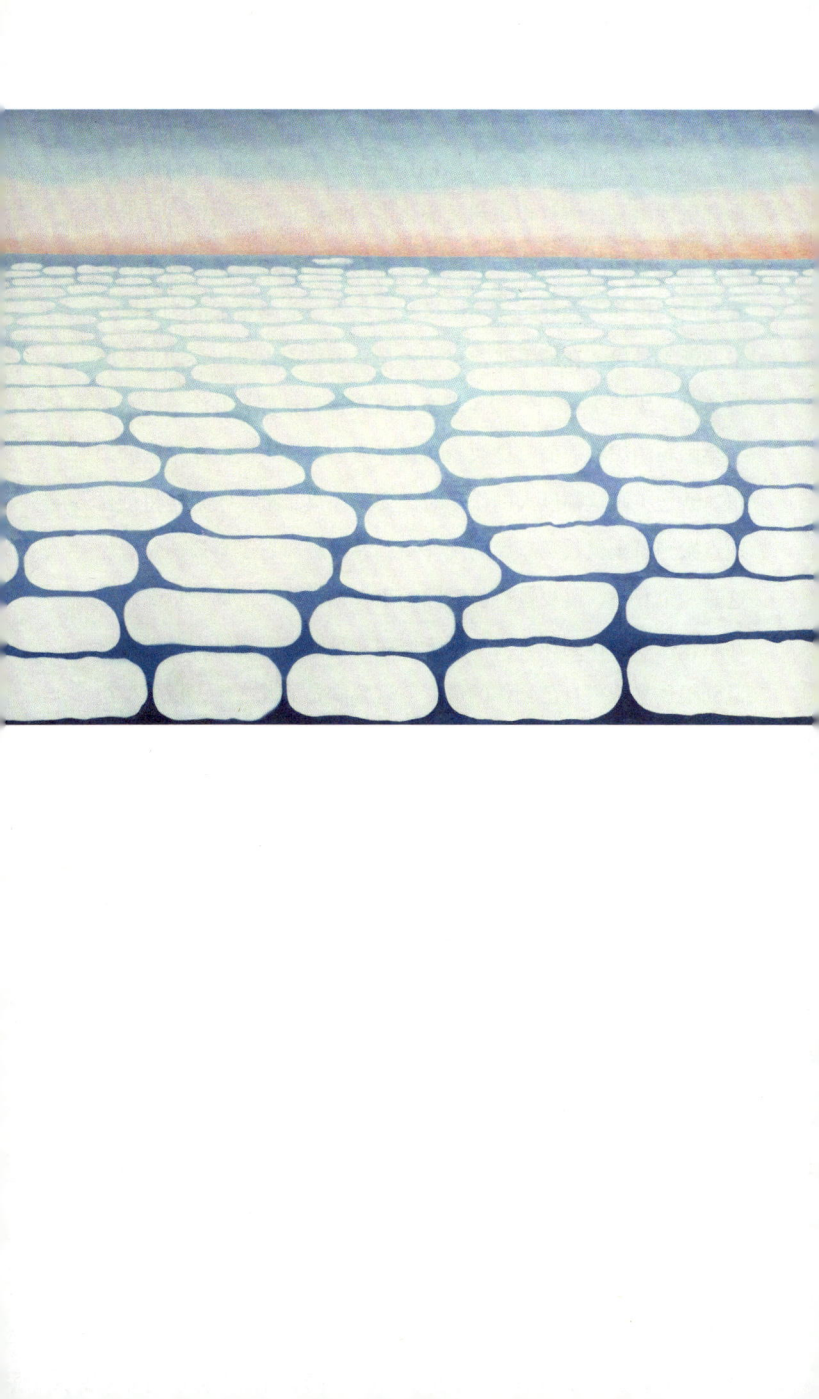

朵之间。

欧姬芙一如既往地致力于创作同一主题的系列作品，每个版本都呈现出一种似曾相识却又变化多端的视角。在创作"云上天空"系列最初的几幅作品时，欧姬芙使用了相同规格的画布。随着时间的推移，她开始追求用尺寸越来越大的画布来描绘自己心中的恢宏景象。在助手弗兰克（曾是一名牧羊人）的帮助下，欧姬芙对一块约7.3米长、2.4米宽的帆布进行拉伸，并涂上胶水来平整画布的织物表面。这块画布最终成为《云上天空4号》的画布。欧姬芙画这幅巨大的作品时需要站在桌子上，于是她将创作地点搬到了幽灵牧场车库的工作室，并重新布置了桌椅的位置。这是一个壮举，需要进行长时间的工作，她往往从周日早上六点开始，持续创作到深夜。车库工作室有足够的空间，因此她可以退到很远来观察自己创作的进度。这幅画是如此之大，以至于当阿蒙卡特博物馆试图将它运到得克萨斯州的阿马里洛展览时，不得不派出一辆超大型的卡车。后来，这幅作品进行巡展时，甚至无法被搬运到最终的展馆——旧金山现代艺术博物馆，它实在是太大了！于是，《云上天空4号》被留在了芝加哥艺术学院，并成了该学院永久性藏品的一部分。

"云上天空"系列作品内容空灵，范围宏大，反映出艺术家在国内外的游历经历。欧姬芙通过飞机舷窗的视角向观众表明，这种旅行的模式和性质在许多方面对她产生了深远的影响。因此，这段时期标志着欧姬芙人生的又一个新篇章。欧姬芙开始频繁地出国旅行。事实上，自丈夫去世后，她先是去了墨西哥，然后前往欧洲、拉丁美洲、亚洲和北非。在前往这些目的地时，欧姬芙从飞机上俯瞰风景，画下了令人惊喜的速写，这些速写对原本因为高度已经变得抽象的风景进行了凝练，成为后来她创作时的参考。她以速写为引导，在青翠或土黄色的大地上刻画蜿蜒曲折的河床，将对抽象的崇敬与对空中视角的迷恋结合起来。相比之下，她的"云上天空"系列没有描绘大地，却采用了风景画中常见的横构图。

欧姬芙认为是时候周游世界了。美国经历了战后的经济繁荣、人口出生率的激增、冷战时期和麦卡锡主义的反共论调。"铁幕"使得政治局势变得紧张，美国表现得更加孤立，于是欧姬芙将目光投向国外，在这十年间游历了众多国家。在新的旅途中，欧姬芙会收集一些当地的纪念品，将小册子、地图和照片放在阿比丘家里特定的"旅行箱"中。她乐于欣赏和理解周围的环境，将自己的旅行所见，从瀑布、山脉到建筑，都变成艺术创作的素材。对她而言，拉丁美洲和亚洲之行最启发人心。在环游世界期间，欧姬芙的大本营仍然是新墨西哥州。即便她拓宽了自己的视觉储备，接纳了新的地点，她仍将这片熟悉的干旱土地视作标尺，一把用以衡量其他一切景物的标尺。这样一来，欧姬芙的视野始终是双焦点的，她总是以某种方式将新地点与新墨西哥州联系在一起。

在花园里

20世纪50年代后期，"一个美国人的地方"画廊在斯蒂格利茨去世后首次举办了欧姬芙的作品展。斯蒂格利茨去世后的几年间,欧姬芙在约翰·马林的帮助下继续经营着这间画廊。没有了斯蒂格利茨的宣传和推广攻势,欧姬芙在画廊出售自己作品时就不那么用心了。和已故的丈夫不同,欧姬芙是一位画家,她无意成为画廊经营者。结果表明,欧姬芙在那一年展出的作品几乎没有受到评论界的关注,尽管展出的作品包括了1946~1950年她创作的31幅画作。那时的美国艺术进入了一个全新的文化、政治和绘画时代,艺术评论家对年轻一代的行动派画家十分迷恋。如杰克逊·波洛克,他将画布固定在地板上的夸张作画形式颠覆了画布的传统使用方式;还有大色域绘画的代表人物,如马克·罗斯克,其巨幅作品有一种穿透力强、令人炫目的质感。纽约著名的艺术批评家克莱门特·格林伯格是这场新运动中最直言不讳的一位,他是抽象表现主义绘画坚定的拥趸者。格林伯格的显著特征就是他对绘画中幻觉主义的蔑视。对于格林伯格和其他人来说,新一代的美国艺术家把绘画看作绘画,而不是用于写实地描绘世界的媒介。抽象表现主义在当时备受推崇,在一群男性艺术家的努力下,其在评论界的地位达到了巅峰。尽管欧姬芙在这场运动中的地位已经黯然失色,但她是上一代艺术家中的元老;是她,连同斯蒂格利茨及其在"一个美国人的地方"画廊展出的作品,真正为20世纪中叶美国艺术在纽约的崛起铺平了道路。几年前,随着纽约现代艺术博物馆回顾展的举办,欧姬芙在美国现代主义中的地位得以巩固。

当纽约艺术界似乎在1950年左右成熟时,欧姬芙的关注点正在发生着变化,她将目光投向城市之外,寻找新的开始。"一个美国人的地方"画廊举办了她的最后一场画展"乔治亚·欧姬芙1946～1950年画作展",欧姬芙本人并未出席,之后画廊就关闭了。这是一个时代的终结。欧姬芙期待在新墨西哥州定居,随着最后一场画展的举办,她似乎也合上了自己人生中一个重要的篇章。然而,欧姬芙还有一项艰巨的任务:处理丈夫的遗产。即使斯蒂格利茨的艺术收藏已经被妥善地分配给了知名机构,欧姬芙仍不得不处理斯蒂格利茨在画廊里的记录,那些记录杂乱无章。重新组织斯蒂格利茨摄影作品的记录是欧姬芙的艰巨使命。多瑞斯·布莱甚至两次前往阿比丘,帮助欧姬芙整理丢失的信息,布莱这么做不仅因为斯蒂格利茨在美国艺术中的地位,也因为欧姬芙对于美国艺术的贡献。在某种程度上,这意味着需要为斯蒂格利茨举办一场展览。在纽约现代艺术博物馆欧姬芙回顾展开幕一年后,1947年6月10日～9月21日,欧姬芙在斯威尼的帮助下,举办了"阿尔弗雷德·斯蒂格利茨摄影展",展出了斯蒂格利茨的摄影作品及藏品。

欧姬芙定居在阿比丘和幽灵牧场后,开始了在美国西南部生活的新时代。这是她的生活第一次不再被斯蒂格利茨和纽约,以及新墨西哥州割裂。欧姬芙把自己的时间分配给了新墨西哥州的两处居所,秋天和冬天她住在阿比丘,春天和夏天她住在幽灵牧场。幽灵牧场有关于"偷牛三兄弟之死"的传说,阿比丘的历史则充满了爱和冲突。阿比丘是西班牙总督托马斯·维勒兹·德·卡苏宾建立的,18世纪50年代被赠予吉尼扎罗印第安人,这些印第安人以前是奴隶,曾经被西班牙人俘虏,用于殖民新西班牙北部边疆。最终,他们学习西班牙语并皈依天主教,融入了新墨西哥州社会。不过,在阿比丘期间,欧姬芙仍看到了一些保存完好的吉尼扎罗人遗迹。

阿比丘有着复杂的种族和民族历史,直到今天仍有争议。然而,对于欧姬芙来说,这正是阿比丘的魅力所在,她可以在家中以自己的方式与当地人进行有意义的互动。大多数时间,欧姬芙都是一个人待着,她会请人帮忙维护房屋。她的花园出产新鲜的水果和蔬菜,足以供她全年享用。她非常擅长制作过冬用的罐装主食。灌溉系统通过管道与镇子上的主水管连接,环绕着屋子的土坯墙,将水引入花园,为她带来了丰富的食物。环绕屋子的墙在某种程度上给她带来了隔离感,但同时也给她居所南侧高地上的蔬菜种植区划出了界线。根据当时的灌溉管理办法,有水权的居民可以在一周中指定的某一天进行灌溉,也就是说,欧姬芙每周都能灌溉一次。在一封写给艺术评论家亨利·麦克布莱德的信中,欧姬芙绘声绘色地描述了她在花园浇水的过程:"每周日一大早,灌溉系统开始进水,水流慢慢流过花园,直到整个花园变成一个湖。庄园通过提升地面来控制水流,将整个花园分割为几个部分。我不知道我怎么能够得到这么好的东西。补充说明一下,镇子里的好人可以在周末两天用水,而我只能在周日用水灌溉,因为我是个外来人,而且是个异教徒。"[2]麦克布莱德最近不慎摔倒撞到了头,因此欧姬芙的这封信比她平日写得长,意在让他振作起来。她通过文字再现了花园每周蓄水的场景,并幽默地补充说,她被指定周日用水是因为她没有宗教信仰,不用在那一天去教堂做礼拜。阿比丘人是虔诚的天主教徒,每到四旬期(又称严斋期),教徒们就会频繁出入当地的牧师会礼堂进行游行和祈祷。与他们形成鲜明对比的是,欧姬芙完全没有宗教信仰,尽管她在阿比丘的家可以近距离看到宗教集会的地方(图94)。在带有浓郁天主教色彩的风景中,欧姬芙只是站在天台聆听回荡在空中的圣托马斯教堂的歌声。直到今天,欧姬芙的用水权依然得以保留——在当地高中生的帮助,以及乔治亚·欧姬芙博物馆的资助下,她的花园目前仍处于正常运行状态。

这个花园是欧姬芙的骄傲。她是一个讲究的食客,致力于健康的生活方式。花园不仅为她提供了健康的饮食,还是一处养心之所,里面有松树、苹果树、俄罗斯橄榄、红柳、茉莉、醋栗灌木、连翘、葡萄风信子、鸢尾、鼠尾草、紫丁香和中国漆树。石板小径两侧开满了蜀葵,红色的花朵在生菜丛中绽放,洋葱环绕着玫瑰丛,薄荷就生长在门外,以便她随时摘几片叶子来泡茶。[3]夏天最炎热的时候,蛇在她的花园和当地道路上爬行,经常会被来往的车辆压扁,这是当地任何一位司机都可以看到的景象。[4]在欧姬芙家门口附近有一株曼陀罗,又称"恶魔的陷阱",这不禁让人联想到她之前以此为主题的一系列画作。多年前,化妆品巨头伊丽莎白·雅顿曾委托这位艺术家以曼陀罗为主题画一幅画(图95),挂在该公司的纽约水疗中心里。欧姬芙那满是植物和花卉的园子,为观众呈现了一场名副其实的视觉和美食盛宴。

摄影师托德·韦伯拍下了一张欧姬芙站在阿比丘花园里玉米前的照片(图96),玉米秆和叶子几乎包围了她。欧姬芙曾经画

上图｜图94.托德·韦伯摄，牧师会礼堂，1957年，明胶银盐照片，24.3厘米×19厘米。乔治亚·欧姬芙博物馆，圣塔菲，新墨西哥州，美国（2006.6.571）

对页图｜图95.《曼陀罗》，1936年，亚麻布面油画，177.8厘米×212.1厘米。礼来公司赠送。印第安纳波利斯艺术博物馆，印第安纳波利斯，印第安纳州，美国

过玉米，不过她画的不是花园中的玉米，而是她和斯蒂格利茨在夏天常去的乔治湖花园中的玉米。和早期的花卉意象作品一样，欧姬芙1924年以玉米为主题的画作（图97）采用了超近距离的视角，具有很强的视觉冲击力。欧姬芙醉心于观察植物生长和开花的过程。离开乔治湖多年后，她在新墨西哥州种植了这种作物。对该地区的大部分人而言，玉米一直是一种主食，它是美国土著居民的"三姐妹"之一，与大豆和南瓜一起成为农业支柱。欧姬芙以她种植的玉米为背景，脸上带着一丝微笑，指挥着韦伯

上图｜图96.托德·韦伯摄，乔治亚·欧姬芙在阿比丘花园的玉米前，日期不详，明胶银盐照片，24.4厘米×19.4厘米，乔治亚·欧姬芙博物馆，圣塔菲，新墨西哥州，美国（2006.6.1481）

对页图｜图97.《玉米2号》，1924年，布面油画，69.2厘米×25.4厘米。贝内特基金和乔治亚·欧姬芙基金会赠送。乔治亚·欧姬芙博物馆，圣塔菲，新墨西哥州，美国（1997.04.06）

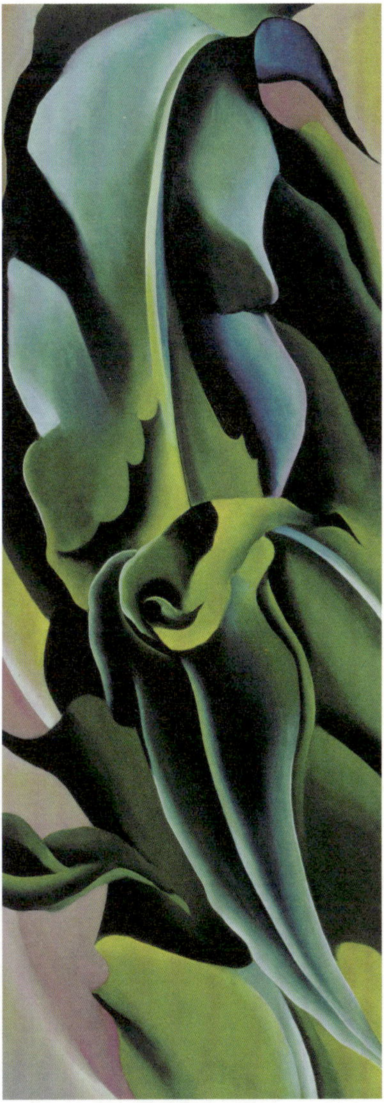

进行拍摄。她穿着自己最喜欢的一件黑色裹身裙，搭配一条赫克托尔·阿吉拉尔（他在墨西哥的塔斯克经营一家著名的工作室）设计的腰带，让黑裙时尚了起来。在包括这张照片在内的许多照片中，欧姬芙的衣服翻领上都佩戴着一枚亚历山大·考尔德设计的别针。这张照片中的别针可能是她在印度旅行时添置的一个银质仿品。她黑色的身影与背景中的有机玉米形成对比，考虑到她总是穿着黑衣拍照，她无疑是清楚这种对比的。尽管欧姬芙拥有20多条不同颜色的裹裙（20世纪50年代后期，尼曼·马库斯推出了一系列裹裙，欧姬芙的私人裁缝卡罗尔·萨卡西亚将其改造为不同颜色的版本，包括浅粉色、淡蓝色和天鹅绒绿色），但她明白黑色总是能在较浅的背景下保持视觉上的清爽，不仅如此，这也有助于形成她自立成功的形象和自信的举止。欧姬芙很早就从斯蒂格利茨那里学会了如何在镜头前摆姿势，随着时间的推移，她的拍照姿势已然成为她的个人风格。

除了上述照片，我们还找到了一些罕见的影像资料，如1966年欧姬芙和她的两只松狮犬"波"和"嘉"坐在花园里。她喜欢松狮犬的凶猛，因此在接下来的几年里的照片中，她持续豢养同一品种的狗。这里展示的照片（图98）对欧姬芙来说很不寻常，她习惯于在镜头前穿着精心设计的服装摆造型，摄影师约翰·伦加德却拍下了这位艺术家的日常生活：她穿着一件玛莉美歌牌连衣裙，正在给自己的松狮犬梳毛。玛莉美歌牌连衣裙被裁剪成了罩衫样式，没有腰带，领口高而圆，宽袖子七分长，鲜艳的花朵或条纹图案十分前卫。欧姬芙很欣赏玛莉美歌的设计，购买了四

图98.欧姬芙为她的两只松狮犬"波"和"嘉"梳毛，1966年

款该品牌的连衣裙，因为她可以穿着它打理花园，并在家中自由走动。这款裙子还带有长方形的大口袋，这也是欧姬芙喜欢的一个设计，可以随时用来装零碎的小物件，甚至是她收集的小石头。[5]同她的画作一样，欧姬芙的衣服甚至鞋子都是一个系列的，也就是说，她经常会购入同一款式、不同颜色的服饰。如果她被某个特定的版型吸引，便会请自己的裁缝改造出一系列不同的版本，就像她的尼曼·马库斯裹身裙一样。无论是绘画还是家装设计，她的个人审美都与她的整体审美完美契合。欧姬芙总是被简单、干净的线条吸引，对色彩和功能性有着独特的眼光，她是自己珍视的生活的主宰。

战后美国的"偏远地区"

欧姬芙将她在新墨西哥州的两处居所变成了休养生息和进行创作的空间,她一直将新墨西哥州视为"偏远地区"。然而,即便是在这"偏远地区",也可以听到战后的新闻,考虑到洛斯阿拉莫斯国家实验室距离她在幽灵牧场和阿比丘的居所都比较近,欧姬芙不可能对战事一无所知。欧姬芙的资料室为我们提供了很多有关这个特定时代的信息,体现了时代背景对她生活的影响。她有几期《原子科学家公报》,这是一本非技术性的杂志,论述了原子弹带来的潜在社会影响等话题。1945年,这本杂志由管理曼哈顿计划的科学家们创立,创办之初主要是围绕"全球范围内对于原子能的控制"展开讨论。在科学家们推动减裁军备(尤其是核武器)时,美国牵头,借助联合国原子能委员会等国际协会,对苏联使用核能实施制裁。二战后,杜鲁门总统制定了遏制政策,试图遏制苏联,尤其是共产主义,在国内和国际上的扩张。

欧姬芙一定敏锐地意识到了这些国内外关注的问题,实际上大多数美国人都意识到了,因为他们面对的是意图破坏苏联集团的、大张旗鼓的宣传计划。最重要的是,包括欧姬芙在内的所有人都在考虑核扩散的前景。她的资料室中甚至有一本1950年出版的《核武器的影响》,该书由美国国防部和美国原子能委员会在洛斯阿拉莫斯科学实验室的指导下共同编著而成。此外,欧姬芙还保留了一本J. 罗伯特·奥本海默的《开放的思想》,该书是奥本海默在20世纪40年代末到50年代初发表的一系列演讲的汇总。毫无疑问,欧姬芙已经和奥本海默建立了联系。在曼哈顿计划期间，奥本海默经常光顾幽灵牧场，虽然用的是假名字。奥本海默为世界上第一颗原子弹的研制做出了卓越的贡献，但在随后的几年里，这位物理学家成了核武器的坚定反对者。欧姬芙在战后收藏的一系列出版物有力地提醒着人们，当时关于核战争的讨论是多么普遍，对其潜在毁灭性的恐惧是多么现实。美国对苏联的宣传战如此广泛，以至于《大众科学》等出版物早在1951年就开始出版有关如何建造个人防空洞的手册。联邦民防动员办公室成立，并积极推进美国家庭防空洞建设，这使得"避难所热"愈演愈烈。艾森豪威尔时期的后几年，个人保护的需求愈加迫切，这一点在肯尼迪政府时期得以延续。欧姬芙一定也感受到了这些言论的压力，因为在1959～1960年，她在阿比丘的地产上建造了地下避难所。1960年，约2000个美国家庭建造了家庭避难所，欧姬芙只是其中之一（图68）。尽管战后人口激增，建造防空洞的家庭数量相对较少，但是"避难所热"依然强劲，尤其是在古巴导弹危机之后。

曼哈顿计划和参与的科学家们对当地和国家的影响巨大。欧姬芙很熟悉"原子城"，当洛斯阿拉莫斯在制造原子弹时所担任的角色被公开后，她还与之保持了几年联系。多年后，欧姬芙与洛斯阿拉莫斯的核物理学家路易斯·罗森及他的妻子玛丽建立了联系。罗森不仅参与了曼哈顿计划，还继续在实验室工作，最终成了洛斯阿拉莫斯中子科学中心的负责人。在那里，罗森建造出了世界上最强大的"原子加速器"，也就是介子加速器。20世纪80年代初，罗森曾邀请欧姬芙参观"山上的项目"，直到1985年，他都在管理这个项目。

旅行和空中视野

欧姬芙定居新墨西哥州后,开始出国旅游。第一次是1951年的自驾游,同行者有记者维拉德·"斯伯特"·约翰逊(当时在陶斯生活和居住,曾在1934年陪同欧姬芙从新墨西哥州开车前往乔治湖)、摄影师艾略特·波特和他的妻子艾琳。在墨西哥城,欧姬芙与迭戈·里维拉和他的妻子弗里达·卡罗共度了难忘的时光,她大概在20年前就结识了这对夫妻。欧姬芙对里维拉目前的作品感到好奇,她写道,这位墨西哥壁画家"正在创作如此巨大规模的绘画,在美丽的旧殖民建筑的柱廊上书写墨西哥的历史","无论你喜欢与否,你都不能低估这些画",因为"他讲述了一个故事——关于人和他们的产物——以及他们的风景"。欧姬芙继续写道,她看到了"男孩们",除了里维拉,还有何塞·克莱门特·奥罗斯科和大卫·阿尔法罗·西克罗斯,这三位著名的墨西哥壁画家在20世纪二三十年代因颂扬"本土主义"或者墨西哥人的土著根源而成名。虽然欧姬芙看上去很欣赏里维拉的早期作品,但是她清楚,里维拉在她20世纪中叶访问墨西哥期间创作的作品,仅仅捕捉到了墨西哥本土文化特色的感觉,当然这已经很有意义了。[6]她还拜访了米格尔·科瓦鲁比亚斯和他的妻子罗莎。欧姬芙认识这对夫妇的时间甚至要早于认识里维拉。她在1929年首次到访新墨西哥州的时候,这对夫妇恰好也是道奇·卢汉陶斯家中的宾客。米格尔是一位著名的漫画家，后来自学人类学和戏剧设计，从某种程度上说，他是一名博学者。同年夏季，他曾为《纽约客》创作欧姬芙的画像。米格尔是一位幽默且严谨的人，他在《我们的百合花夫人》中画出了自己眼中的欧姬芙。画中的欧姬芙手握与自己联系最为密切的花朵——百合花，棱角分明的线条赋予她一种严肃甚至高傲的姿态。欧姬芙始终保持着与这对夫妇的通信联系，甚至在资料室中保存了很多米格尔出版的人类学著作。在欧姬芙拜访后不久，米格尔不幸去世。

回家后，疲惫的欧姬芙并没有休息多久。相反，这次旅行开启了她之后十多年的国内外旅行，尤其是美国以外的旅行。无须再为了斯蒂格利茨在纽约待上半年，欧姬芙有了更多的时间去探索未知之地。她结束墨西哥自驾之旅后不久，就与艺术家玛丽·卡勒一同登上了开往欧洲的船。在欧洲，两人自驾前往了布列塔尼、巴黎及马德里。1956年，美国陆军工程兵团在查玛河上筑坝建造人造湖，覆盖了幽灵牧场超过21平方千米的土地。同年，欧姬芙又向南前往拉丁美洲，在秘鲁待了三个月。在无数本地劳工的共同努力下，阿比丘大坝于1963年正式完工（当时亚瑟·帕克已经将自己那部分幽灵牧场地产赠予了长老会教堂）。大坝重塑了欧姬芙已经非常熟悉的景观，宁静的蓝绿色人造湖愈发凸显了褐色平顶山的险峻。从欧姬芙位于幽灵牧场的家中眺望，可以看到水面在远离平顶山的地方闪闪发光。

幽灵牧场附近的土地正经历着天翻地覆的转变，此时欧姬芙却离开了，她并没有选择去郁郁葱葱的地区旅游，而是前往秘鲁，步入干旱的沙漠和云雾缭绕的山谷之中。对这些奇特的景观，欧姬芙评论道："这片土地有着神秘的历史，印加帝国和其他文化曾在这儿扎根，而当下的政治局面却如此精彩——奇妙到令人难以置信。"[7]过去与现在似乎碰撞在一起，多年的社会不平衡引发了移民和农民起义，进而造成了政局不稳。即使是作为一名游客，欧姬芙也注意到了当地的政治局势。

1956年3月~6月，欧姬芙登上马丘比丘顶峰，马丘比丘由印加帝国第九代国王帕查库蒂建立。她还游览了古印加帝国的首都库斯科，以及萨克赛瓦曼的遗址（图99）。萨克赛瓦曼阶梯环绕的景观犹如蛇形城堡，俯瞰着整座城市的郊区。萨克赛瓦曼由巨大的石头堆砌而成，建造过程中没有使用砂浆。欧姬芙着迷于它的色彩和造型，并对巨石堆叠而成的不规则图案进行了提炼（图100）。乍一看，她对萨克赛瓦曼的描绘和她的另一些抽象画很相似。萨克赛瓦曼有着巨大的墙体，任何人在其前面都会显得渺小，然而，欧姬芙选择的画幅宽度不足0.6米，高度只有约0.46米，且没有地平线或风景线来衡量尺度，从根本上缩小了原本巨大的墙体。在欧姬芙的画中，城墙变小了，不再那么遥不可及，而是整个呈现在观众的视线中。除了石墨速写（常作为正式绘画的灵感和草图），欧姬芙还创作了一些油画和水彩画（图101）。

临近1960年，也就是在菲德尔·卡斯特罗推翻古巴独裁者富尔亨西奥·巴蒂斯塔的时候，欧姬芙再次启程，这次旅行的目的地范围更广，包括美国旧金山、日本、中国香港、印度、新加

图99.萨克赛瓦曼曾是古印加帝国要塞，保护和俯瞰着库斯科（现在秘鲁境内）

坡、埃及、伊朗、叙利亚、以色列、意大利罗马等。欧姬芙当时已72岁。不过，这些目的地激发的创作灵感，远没有航空旅行的空中视角来得多。她写道："最近我经常坐飞机，我注意到沙漠和美丽的河流数量惊人。河流似乎要涌上来，打湿我的眼睛。"事实上，她在飞机上看到的那些河流成了她抽象画的基础，然而对欧姬芙来说，"这些图像一点也不抽象"，在她看来，"它们就是我看见的样子，非常真实。我承认自己改变了它们的色彩，但是毕竟，当你看向舷窗外的时候，你能够看见任何你想看见的颜色"[8]。欧姬芙的作品《河流——苍白》（图102）就描绘了她在空中看到的景象，蜿蜒曲折的水道可能会被误认为树根。这幅

图100.《无题(萨克赛瓦曼)》,1957年,布面油画,50.8厘米×40.6厘米。乔治亚·欧姬芙博物馆赠送。乔治亚·欧姬芙博物馆,圣塔菲,新墨西哥州,美国(2006.05.259)

图101.《秘鲁风景画》,1956~1957年,纸上水彩画,28.6厘米×22.2厘米。尤金和克莱尔·肖赠送。乔治亚·欧姬芙博物馆,圣塔菲,新墨西哥州,美国(1998.02.01)

作品采用竖构图，河流仿佛"击中"了观众的眼睛，它不再像往常一样在地面上平缓流淌直到消失在远方，而是挑战了观众的空间意识。早在这一轮漫长的旅行之前，空中视角就已激发了欧姬芙的想象力。1941年，欧姬芙用文字表达了从高空观察到的地面的迷人之处：

> 我们飞上蓝天，离开平时生活的世界，这简直太激动人心了。我们看向窗外，俯瞰地面，景物一直在延伸：格兰德河——山脉，接着是河流、水潭、山脊、道路、田野的图案——既有水面也有土地，然后是小湖泊——棕色的图案。过了一会儿，我们飞到阿马里洛的上空，看到不同绿色植物和冷色调棕色植物组成的迷人图案，它们形成正方形或者对角线。还有一些弯曲的形状和许多湖泊，从远处看真的非常漂亮，像是神奇的地毯图案，这或许就是"抽象画"。[9]

有趣的是，从新奇的空中角度观察，景观呈现出了前所未见的图案。欧姬芙在空中看到的景象与地毯或抽象画十分相似。这就像是预言一样，她后来创作的河流画面似乎将风景转变成了一种抽象的图案，尽管她坚信这些画面是真实的。

第二年，欧姬芙结束了自己在马萨诸塞州组织的一个展览后，再次动身前往亚洲（图103）。10月，在丹尼尔·卡顿·里奇的努力下，伍斯特艺术博物馆举办的"乔治亚·欧姬芙：她40年的艺术"展览开展。里奇曾在1943年于芝加哥艺术学院组织过一次欧姬芙作品回顾展。欧姬芙出席开幕式后，就和妹妹安妮塔开始了第二次亚洲之行，途中她们在旧金山稍做停留，随后前往

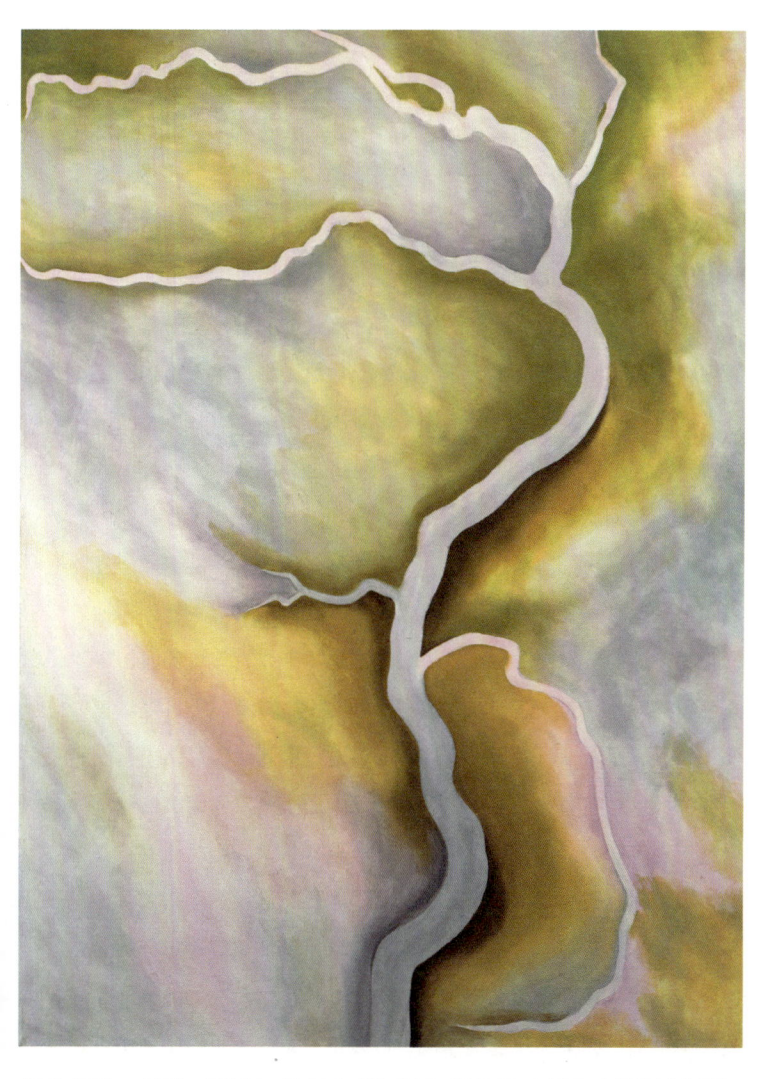

图102.《河流——苍白》,1959年,布面油画,105.4厘米×79.7厘米。乔治亚·欧姬芙博物馆赠送。乔治亚·欧姬芙博物馆,圣塔菲,新墨西哥州,美国(2006.05.280)

柬埔寨。她们游览了日本、中国、西贡、曼谷、斐济、塔希提岛、韩国、菲律宾和美国檀香山。欧姬芙回到工作室后，画了一幅与此次旅行相关的富士山风景画（图104）。画面中，这座山几乎是梦幻般的存在，被压缩到最简单的形式，甚至隐去了它最大的特色——被白雪覆盖的山顶。山体矗立在一种微妙的粉红色中，仿佛艺术家描绘的是凌晨或夜晚看见的景色。山是纯白色的，一条浅灰的色带将地面和天空区分开来。这是一座有着梦幻糖果色的山脉，没有明显的情绪色彩。欧姬芙通过绘画记录下了这次旅行。她延续了以往的作画风格，从风景中提取出富士山这个元素，以不同寻常的角度进行创作，打破了观众的刻板印象。

欧姬芙对富士山和皮德农山的演绎没有什么不同，皮德农山是她珍视的另一个地标性景观，也是她常画的景观。她专注于皮德农山，有时候画它周围的自然景观，有时候以其为主题创作抽象化的作品。虽然富士山规模更大，斜坡更夸张，但皮德农山令人瞩目的轮廓和略显平坦的山顶显然更吸引艺术家的目光。正如里奇在"乔治亚·欧姬芙：她40年的艺术"展览目录中指出的那样：欧姬芙过去几年的画作来自她的记忆。[10]欧姬芙的绘画取材于现场写生，也取材于个人回忆。这样一来，她对于直接观察一个物体的外在特征就不那么感兴趣了，尽管她相信自己的作品在其他方面是写实的，但她对表达一种平静的情感更感兴趣。这一点不仅体现在《无题（富士山）》中，也体现在她的其他作品中，包括以云朵为主题的绘画，以及那些重温她早期生活中重要主题的油画作品：比如以斯蒂格利茨暗室门为主题的画作，是

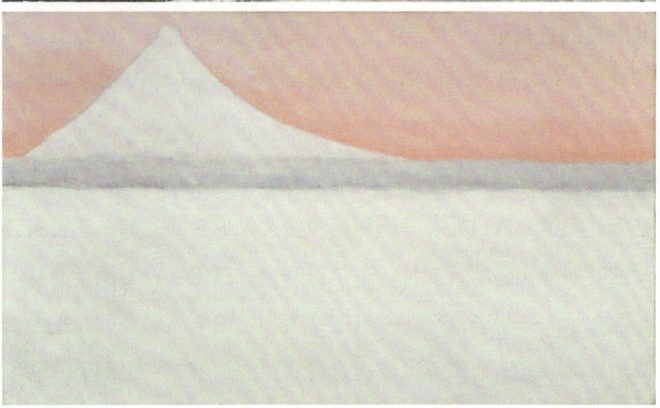

上图 | 图103.未知摄影师，欧姬芙和海伦·伍德拉夫在亚洲，1959~1960年，明胶银盐照片，8.9厘米×12.3厘米。乔治亚·欧姬芙博物馆，圣塔菲，新墨西哥州，美国（2006.6.0118）

下图 | 图104.《无题（富士山）》，1960年，布面油画，25.4厘米×45.7厘米。杰拉尔德和凯瑟琳·彼得斯赠送。乔治亚·欧姬芙博物馆，圣塔菲，新墨西哥州，美国（1996.02.01）

她根据记忆在1957年画的；《平原2号》（1954年），是以她在得克萨斯州峡谷居住时创作的一幅作品命名的。随着时间的推移，欧姬芙在特定的作品之间创建起一种内在的联系，她不断地引用过去看到的景观，甚至以自己之前创作的画作为灵感。

1960年，欧姬芙成了一位完满的环球旅行者，尽管她总是遵循离家更近一些的原则。1961年秋季，她前往位于犹他州南部的格伦峡谷，同行者包括摄影师托德·韦伯、艾略特·波特、多瑞斯·布莱、奎达·鲍尔、麦克·哈丁和蒂什·弗兰克（道奇·卢汉的孙女）。作为训练有素的生物医学研究员和医生、曾经的鸟类观察员，波特在旅途中拍摄的照片最终成为他的著作《无人知晓的地方：科罗拉多河上的格伦峡谷》一书的基础，该书在塞拉俱乐部的赞助下于1963年出版。该书的编辑大卫·布劳尔在书的开头介绍了波特的摄影作品，对格伦峡谷大坝和鲍威尔湖水库的建设表示哀叹。关于书的灵感来源，布劳尔写道："为了拯救彩虹桥国家纪念地，我经历了12年令人沮丧的抗争。如果这本书能让美国的最后一片荒野河流免受大坝的威胁，那么它将流芳百世。如果艾略特·波特的书早点问世，格伦峡谷大坝可能就不会存在了。如果公众早些知道这座大坝将带来不必要的、不可挽回的破坏，那么他们不可能建造它。"[11]格伦峡谷大坝从1959年开始动工，1963年完工，同年该书出版。波特后来成为塞拉俱乐部的负责人。他在画册和另一本书《世界保藏于荒野之中》中，毫不吝啬地赞颂了大自然之美，而《无人知晓的地方：科罗拉多河上的格伦峡谷》这本书则对人类无限期地改变自然水道的流向表示了失望和不满。

在第一次去格伦峡谷旅行时，韦伯给了欧姬芙一台徕卡相机，便于她拍摄绘画素材（图105）。欧姬芙痴迷于砂岩的构造，好奇砂岩是如何创造出"天空之洞"的，就像她钟爱的骨盆骨一样，为无垠的蓝天勾勒出形状。她收集石头，甚至在返回后，从波特家里顺走了一块黑色的圆形石头（图106）。后来，摄影师约翰·伦加德拍下了欧姬芙最爱的石头，当时她正把那块石头放在手掌里（图110）。1968年，伦加德为《生活》杂志拍摄了欧姬芙的照片。这是该杂志有史以来最具标志性的一期，共有12页内文，欧姬芙坐在幽灵牧场屋顶上的照片优雅地登上了封面。

1961年8月的这次旅行是欧姬芙第一次沿科罗拉多河旅行，但并非最后一次。她始终坚持自己的主张，即使是在自己74岁时，她依然精力充沛地泛舟、露营，勇于面对严重的沙尘暴（图107）。[12]此后，欧姬芙又去格伦峡谷旅行过几次，每次她都会带上徕卡相机拍照片（图108）。1965年起，欧姬芙以这些照片为基础创作出一系列峡谷主题的画作（图109）。照片和画作之间的协调一致是显而易见的，两者的构图几乎完全相同。不过，就像她为自己从飞机上看到的河流改变颜色一样，她为峭壁加上了咖啡色条纹。这种形式不禁让人想起她对"白色之地"的描述，在那里，裂开的岩石间隙露出了背景中的天空。

对欧姬芙来说，20世纪70年代是非凡的十年。她的旅行地扩展到希腊（包括克里特岛）、埃及、远东，她甚至为了看利皮赞马前往奥地利维也纳，还有几次沿科罗拉多河而下的短途旅行，

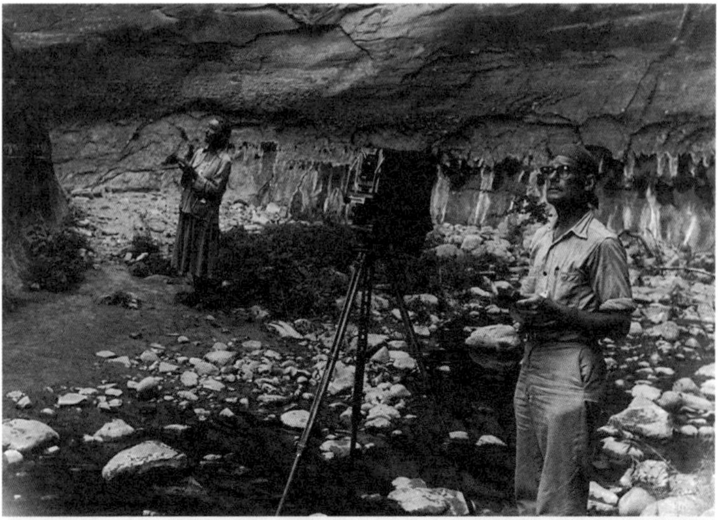

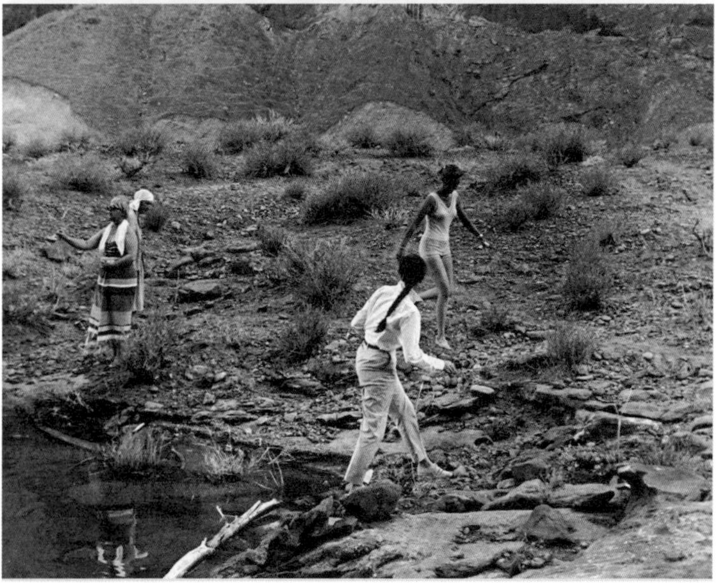

对页上图 | 图105.托德·韦伯摄,正在画速写的乔治亚·欧姬芙,以及艾略特·波特和他的相机,1961年,明胶银盐照片,11.4厘米×16.7厘米。乔治亚·欧姬芙博物馆,圣塔菲,新墨西哥州,美国(2006.06.104)

对页下图 | 图106.托德·韦伯摄,乔治亚·欧姬芙和其他人在找石头,1961年,明胶银盐照片,17.7厘米×22.8厘米。乔治亚·欧姬芙博物馆,圣塔菲,新墨西哥州,美国(2006.6.97)

上图 | 图107.托德·韦伯摄,乔治亚·欧姬芙在格伦峡谷,1961年,明胶银盐照片,18.4厘米×23.4厘米。乔治亚·欧姬芙基金会赠送。乔治亚·欧姬芙博物馆,圣塔菲,新墨西哥州,美国(2006.6.1000)

图108.乔治亚·欧姬芙摄,格伦峡谷,1964年,宝丽来照片,10.8厘米×8.9厘米。乔治亚·欧姬芙博物馆,圣塔菲,新墨西哥州,美国(2006.6.1086)

图109.《峡谷区,白色和棕色的峭壁》,1965年,布面油画,91.4厘米×76.2厘米。乔治亚·欧姬芙基金会赠送。乔治亚·欧姬芙博物馆,圣塔菲,新墨西哥州,美国(2006.05.390)

同时她已经享誉美国。1963年，欧姬芙被提名为美国艺术与科学院院士，并接受了布兰迪斯大学颁发的创造性艺术奖。1966年，得克萨斯州沃斯堡的阿蒙卡特西部艺术博物馆、得克萨斯州的休斯敦美术博物馆和阿尔伯克基的新墨西哥大学博物馆都举办了欧姬芙作品回顾展。最后一个展览非常有意义，因为这是艺术家家乡的博物馆首次回顾她的毕生作品。两年前，新墨西哥大学授予了欧姬芙美术荣誉博士学位。后来，哈佛大学、布朗大学和哥伦比亚大学也授予这位艺术家荣誉学位。1970年，欧姬芙获得了美国艺术文学院的绘画金奖，完美地为这十年画上了句号。同年，欧姬芙巡回回顾展先后在惠特妮美国艺术博物馆、芝加哥艺术学院和旧金山现代艺术博物馆举办。她的巨幅画作《云上天空4号》为展会目录的封面增色不少（图93）。展览的开篇名为"乔治亚·欧姬芙"，由美国艺术史学家劳埃德·古德里奇撰写，他认为《云上天空4号》是一幅"主要作品"，在这幅作品中"欧姬芙已经获得了一种压倒性的高度感和距离感，以及无限空间的宁静"。[13]展览展出了令人震惊的121幅艺术作品，包含欧姬芙早期的炭笔画、在得克萨斯州期间创作的水彩画，以及她晚期的作品，如《黑色岩石与蓝色3号》（1970年）。那块知名的石头呈黑玛瑙色，形状不太规则，正是她从艾略特·波特那里顺走的那块，也是被伦加德拍摄的那块（图110）。古德里奇将这块石头与《云上天空4号》进行了比较，认为这幅作品"绝对是关于大地的，而云朵主题作品则是与天空相关的"。他认为，尽管内容不同，但作品依然显示出"作者长期以来擅长体现的所有形式的力量和纯洁"。

其他绘画版本的岩石还有《红底色上的黑岩石》（图111），画面中，光滑的蛋形石头坐落在树桩上，背景是焦黄色。画作中的石头似乎不再是被科罗拉多河打磨光滑的小石子，而是一块纪念碑般的巨石。这是欧姬芙控制比例的又一绝佳案例，表现出了与《云上天空4号》截然不同的夸张，但仍然是一种夸张。事实上，石头的呈现形式似乎既沉重又无重量，在各个方面都是矛盾的。值得注意的是，《红底色上的黑岩石》是她那一年完成的唯一作品。随着欧姬芙眼睛的黄斑病变，她的视力正在衰退，她只能看到手杖长度那么远的距离。私底下，欧姬芙告诉丹尼斯·霍珀，她近乎失明，任何绘画的能力都来自记忆和直觉。霍珀是道奇·卢汉罗斯加洛斯牧场的新东家，也是反主流文化的偶像。绘画已经成为欧姬芙的本能反应，哪怕她的双眼再也看不见，她也不会停下画笔。此后，欧姬芙只剩下了周边视觉，而且随着时间的推移，这种视觉也会逐渐消失。[14]

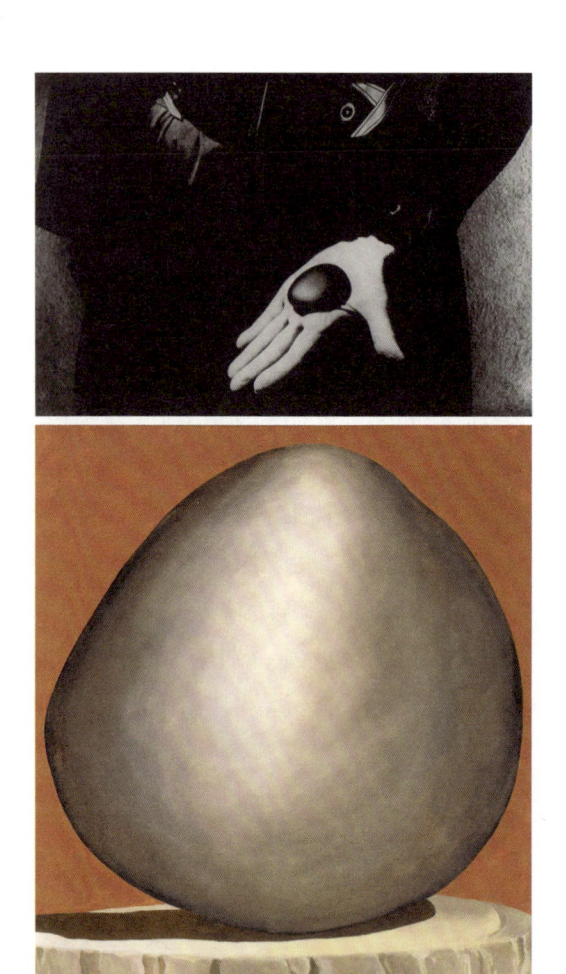

上图 | 图110.欧姬芙拿着她最喜欢的一块石头,1968年

下图 | 图111.《红底色上的黑岩石》,1971年,布面油画,76.2厘米×66厘米。贝内特基金会和乔治亚·欧姬芙博物馆赠送。乔治亚·欧姬芙博物馆,圣塔菲,新墨西哥州,美国(1997.05.04)

尾声

图112.欧姬芙在阿比丘家中的卧室里，1966年

1973年，当两位助手都因为工作任务过于繁重而离开欧姬芙的家后，这位艺术家偶然遇到了一位名叫胡安·汉密尔顿的年轻人。27岁的汉密尔顿刚离婚，他通过与长老会的联系搬到了幽灵牧场（大约20年前，长老会买下了帕克那边的牧场）。他来到欧姬芙家，想找工作，一开始被拒绝了。当欧姬芙改变主意，让他完成一些微不足道的小事时，汉密尔顿证明了自己的价值。随着时间的推移，两人的工作关系变得愈加默契，汉密尔顿成了欧姬芙值得信赖的知己，从打包箱子到晚上陪她一起听古典音乐，他为艺术家提供了方方面面的帮助。汉密尔顿甚至陪同欧姬芙，与建筑师兼设计师亚历山大·吉拉德和他的妻子苏珊一起前往摩洛哥。汉密尔顿负责搀扶欧姬芙走路和帮她提行李——这是一项高要求的任务，要求助手有极大的耐心，尤其是在面对一位因视力日渐模糊而变得暴躁和脆弱的女人时。在很短的时间内，汉密尔顿成了欧姬芙不可或缺的人，虽然欧姬芙很尊重他，并将他设置为自己遗嘱的主要受益人，但欧姬芙的家人和多年好友多瑞斯·布莱却对此极为愤怒，指责汉密尔顿是一个狡猾的人。然而，正是在汉密尔顿的帮助下，欧姬芙才得以在20世纪70年代继续独居及旅行。在接下来的十年里，欧姬芙前往了夏威夷、哥斯达黎加和危地马拉旅行。在汉密尔顿和卡尔文·汤姆金斯的帮助下，欧姬芙回顾自己的一生，出版了自传。卡尔文曾经为《纽约客》撰写关于欧姬芙的文章。

1977年，欧姬芙仿佛回到早年创作水彩画的阶段，开始用这种媒介来创作一个全新的系列。她住在得克萨斯平原已经整整

60年了，但她仍乐于拥抱那些相同的形式，留恋太阳从平坦的大地上升起的情景。她晚期的水彩画在色彩和形式的运用上更加丰富。在许多作品中，画面上的留白区域渐渐变小，取而代之的是彩色笔触及线圈组合，充满生命的律动感，如同她在作品《在埃斯特家的一天》（图113，此处的埃斯特是指埃斯特·约翰逊）和《无题（抽象的蓝色圈和线条）》（图114）中表现的那样。虽然汉密尔顿几年前就教ите她如何拉坯（他是一位陶艺家），使她可以用触觉而不仅仅用视觉去感受形状，但她仍然喜欢用画笔进行创作。后来，汉密尔顿在各种媒体上发布了欧姬芙的一些陶艺雕塑。欧姬芙晚期的水彩画，与早期的水彩画以及她初露头角时的愿景一致，尽管外表抽象，却表达了一种情感、一种时间性，甚至是一个人。即使欧姬芙失去视力，其水彩画仍还原了早期的样子。就像她对另一名杂工解释的那样，"我的视觉好像有一些小缝隙。我看不太清楚，但是在视线边缘好像又有一些我可以看得很清楚的小缝隙的存在"。[1]当然，视觉是重要的，在某种程度上，她仍然可以从那些小缝隙中看到东西，她清晰的审美眼光没有受到损害。

在这一时期，欧姬芙还创作了一些抽象作品，其颜色和内容会让人联想到她遇见道后对水彩画和炭笔画进行的早期实践。即使年事已高，她依然知道如何把空间填充得漂亮。同水彩画一样，这些抽象画色彩丰富，与她近期油画的柔和色调形成了鲜明的对比，体现了日式美学。不过，她并没有完全放弃油画。在成功出版自传后，1977年，欧姬芙在华盛顿特区凝视着华盛顿纪念碑的

上图｜图113.《在埃斯特家的一天》，1976～1977年，纸上水彩画，57.1厘米×75.9厘米。乔治亚·欧姬芙基金会赠送。乔治亚·欧姬芙博物馆，圣塔菲，新墨西哥州，美国（2006.05.473）

下图｜图114.《无题（抽象的蓝色圈和线条）》，1976～1977年，白色厚布纹纸水彩画，57.2厘米×75.9厘米。乔治亚·欧姬芙基金会赠送。乔治亚·欧姬芙博物馆，圣塔菲，新墨西哥州，美国（2006.05.472）

方尖顶,度过了哥伦布日。其间,欧姬芙创作了四幅油画和一幅速写,全部命名为《无题(与胡安的一日)》(图115)。它们的色彩效果与水彩画略有不同,但都能让人联想起特定的人和时刻。这些画作体现了欧姬芙长久以来对建筑所处环境的关注,以及建筑如何在周围环境中勾勒出抽象的新轮廓。画作的每个版本都采用了类似的视角,仅捕捉局部的建筑物,方尖顶仿佛纵向延伸到了画面的尽头。古德里奇讲述得很清楚:

  由于乔治亚·欧姬芙在内容和艺术语言上的广泛涉猎,她的进化具有最根本的一致性。欧姬芙从一开始就是她自己。其艺术的变化均源自她的内在。她的创作题材拓宽了,作品的艺术性在力量和精练方面稳步增长,但是她的思想和艺术的核心品格始终如一。[2]

20世纪80年代初,欧姬芙协助华盛顿国家美术馆为斯蒂格利茨的摄影回顾展挑选作品。随着时间的流逝,她不太愿意出去旅行了,尽管她去了佛罗里达,并且最后一次去了哥斯达黎加。她对护士们越来越依赖,包括卡罗尔·萨卡西亚和汉密尔顿,为了离圣文森特医院的医护人员更近一些,她甚至在圣塔菲买了一套房子。在这十年间,欧姬芙获得了几项著名的奖项,但已是鲐背之年的她对日益增长的名望开始感到厌烦。1986年,欧姬芙在圣塔菲的家中安然离世。这里虽然没有她熟悉的厨房、花园小径、大平板玻璃窗,也没有她在阿比丘和幽灵牧场家中可见的宁静山丘,但却有个恰如其分的名字:太阳与影子。

图115.《无题（与胡安的一日）》，1976～1977年，布面油画，121.9厘米×183.5厘米。乔治亚·欧姬芙基金会赠送。乔治亚·欧姬芙博物馆，圣塔菲，新墨西哥州，美国（2006.05.485）

同年，萨利什人和库特奈人联合部落的萨利什人让·奎克杰恩·斯密斯创作了布面油画《乔治亚在我心中》。作品名称是一个双关语，引自雷·查尔斯的同名歌曲，当然也是对乔治亚·欧姬芙的致敬，正如一位作家所言，"在对前辈致敬及纪念欧姬芙去世的同时，确立了斯密斯在美国现代主义谱系中的位置"。斯密斯指出："不参考欧姬芙，艺术家就画不出新墨西哥州的风景。"[3] 斯密斯是公开的激进主义者，是新墨西哥州风景的表现主义艺术家，她的颂扬体现了欧姬芙对数代画家、摄影师、作家和当地人的影响。事实上，比起其他任何人，欧姬芙都更有资格说自己引领了美国现代主义——这场运动贯穿整个20世纪，颂扬那些与美国生活有关的矛盾、或好或坏的事物。出于这个原因，欧姬芙吸引的普通人和创意工作者一样多。她是20世纪被拍摄最多的艺术家，她的容貌成了其他艺术家的创作灵感。以欧姬芙为主题的作品中，最有趣的或许是来自弗里茨·朔尔德尔的版本，他是鲁瑟诺族的艺术家。在他的作品中，欧姬芙站在亚历山大·考尔德的移动雕塑下，在她阿比丘和幽灵牧场的家中都悬挂有这款雕塑。1964年，朔尔德尔在圣塔菲的美国印第安人艺术学院担任讲师，这所学院是在劳埃德·基瓦·纽的努力下新开设的。朔尔德尔用极度夸张的手法勾勒出画家脸上晒得黝黑的线条，他的作品以使用大片明亮色彩和幽默感而闻名。他似乎对欧姬芙脸上的皱纹更感兴趣，这些皱纹的纹理与背景的白色形成对比。这幅平版画的名称是《阿比丘的下午》（1971年）。在这幅画中，欧姬芙的目光显得不耐烦，她傲慢而沉着地抬起头，似乎对观众侧目而视。1964年，朔尔德尔曾在圣塔菲遇到欧姬芙，他似乎通过那次偶遇"获取"了1971年这幅作品中欧姬芙的样貌。几十年来，很多艺术家都通过摄影这种媒介展现欧姬芙的个性，但朔尔德尔并没有这么做。在画面中，欧姬芙穿着自己最爱的尼曼·马库斯风裹身裙，在过去的25年里，她几乎在每一张照片中都穿着这款裙子。作品和欧姬芙本人有着奇妙的相似之处，不可否认，那就是欧姬芙。汉密尔顿委托安迪·沃霍尔创作了一幅以欧姬芙为主题的钻石粉末画。沃霍尔在自己的一幅丝网画中使用了他为欧姬芙和汉密尔顿拍摄的宝丽来照片，并用亮晶晶的钻石粉末进行点缀（图116）。93岁高龄的欧姬芙，与玛丽莲·梦露、埃尔维斯·普雷斯利和伊朗王一同成了沃霍尔的视觉偶像。1983年，即创作这幅作品的同年，沃霍尔采访了欧姬芙，发现她的头脑仍然很敏锐。

欧姬芙不仅是一个视觉偶像，她还在自己生活的地区留下了印迹。她为幽灵牧场一处烧毁的长老会建筑捐款，资助当地学生上大学，甚至为当地公立学校的体育馆建设提供资金。她勇于打破常规，做了很多善事，是许多人的良师益友。可以说，欧姬芙是一个矛盾体：她不与人来往，但通信广泛；她爱新墨西哥州的家园，但也爱旅行，享受发现新风景的乐趣；她嫁给了20世纪美国最著名的摄影师之一，每年却有半年的时间离开他和他成名的城市。1997年，一座以欧姬芙的名字命名的博物馆建成，这是为数不多的几个专门展示一位艺术家作品的博物馆之一。不久后，芭芭拉·布勒·莱恩斯编辑了这位艺术家的作品目录。2001年，一个专门研究美国现代主义的研究中心融入圣塔菲的博物馆

上图｜图116.安迪·沃霍尔摄，乔治亚·欧姬芙和胡安·汉密尔顿，约1970年，宝丽来照片，10.8厘米×8.5厘米，私人藏品

对页图｜图117.《曼陀罗花（白花1号）》，1932年，布面油画，121.9厘米×101.6厘米。水晶桥美国艺术博物馆，本顿维尔，阿肯色州，美国

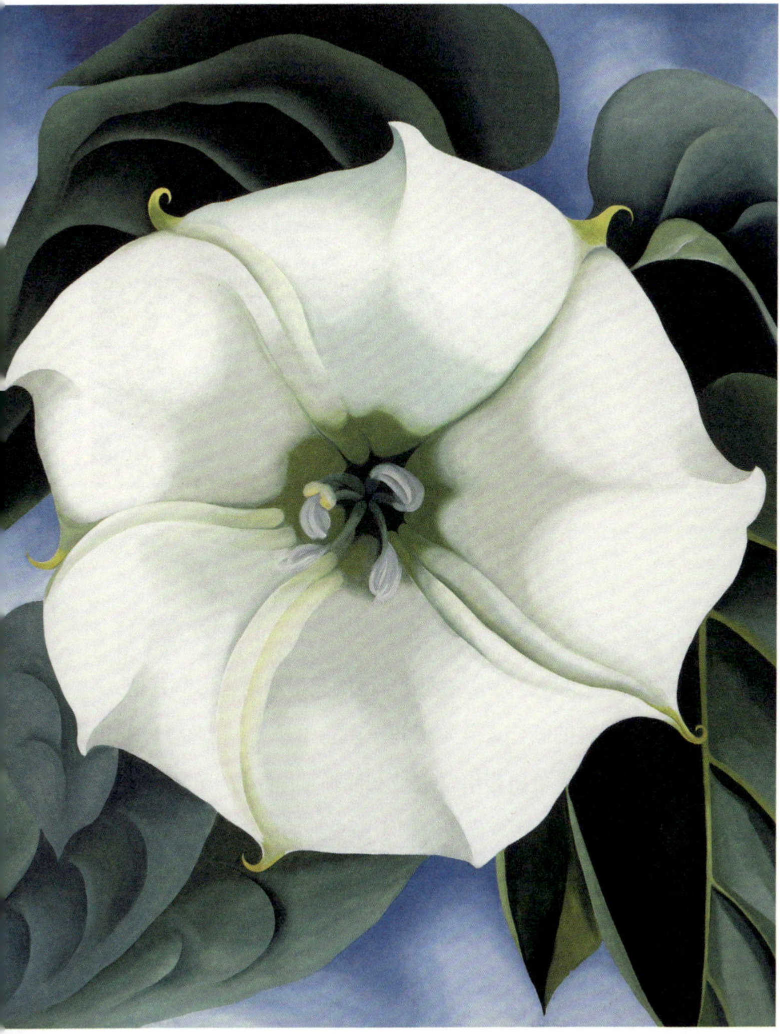

图118.在欧姬芙阿比丘家中工作室的架子上,摆放着一排漂白过的头骨和其他骨头

区域。欧姬芙逝世后,仍继续通过自己的艺术和语言影响其他人。2014年,欧姬芙的画作《曼陀罗花(白花1号)》(图117)以4430万美元的惊人价格售出。这是女性画家作品售出的最高市场价。本次拍卖确立了欧姬芙在美国绘画史上的地位。

尾注

第一章：《夜间沙漠里的火车》：一位艺术家的蜕变

1. 亚瑟·卫斯理·道，《艺术上的现代主义》（论文在大学艺术联盟年会上发表，费城，宾夕法尼亚，1916年4月20~22日）。
2. 卡尔文·汤姆金斯，《眼睛里的玫瑰看上去很美丽》，《纽约客》，1974年3月4日，40。
3. 乔治亚·欧姬芙，"致阿尔弗雷德·斯蒂格利茨"，1916年11月30日，收录于《乔治亚·欧姬芙和阿尔弗雷德·斯蒂格利茨书信精选集》第一卷，1915~1933年，主编萨拉·格里诺（纽黑文：耶鲁大学，2011年），84。
4. 更多关于《夜间沙漠里的火车》命名的历史，请参阅：艾米·冯·林特尔，《乔治亚·欧姬芙1916~1918年的水彩画》（圣塔菲：半径出版社，2016年），26。
5. 1916年10月30日欧姬芙写给安妮塔·普利策的信，引自《亲爱的乔治亚：乔治亚·欧姬芙和安妮塔·普利策的全部书信》，主编克莱夫·吉伯尔（纽约：西蒙和舒斯特出版社，1990年），209。
6. 乔治亚·欧姬芙，《乔治亚·欧姬芙》（纽约：维京出版社，1976年），无页码。
7. 乔治亚·欧姬芙，《阿尔弗雷德·斯蒂格利茨拍摄的乔治亚·欧姬芙的肖像》"引言"部分（纽约：现代艺术博物馆，1978年），无页码。
8. 德罗霍霍斯卡·费尔普，《盛开》，49~50。
9. 布拉姆·迪克斯特拉，《乔治亚·欧姬芙：纽约岁月》"美国和乔治亚·欧姬芙"部分，主编多瑞斯·布莱和尼古拉斯·卡拉威（纽约：阿尔弗雷德诺夫出版社，1991年），119。
10. 德罗霍霍斯卡—费尔普，《绽放》，72~75。
11. 亚瑟·卫斯理·道，《构图：供师生使用的艺术构图之艺术练习系列》第七版（纽约：双日出版社，1912年），3。

12. 伊丽莎白·赫顿·特纳,《乔治亚·欧姬芙的抽象》"抽象的欧姬芙"部分,主编芭芭拉·哈斯克尔(纽黑文:耶鲁大学出版社,2009年),70。
13. 亚瑟·卫斯理·道,《构图:供师生使用的艺术构图之艺术练习系列》,24。
14. 亚瑟·卫斯理·道,《构图:供师生使用的艺术构图之艺术练习系列》,9。
15. 凯瑟琳·库赫,《艺术家的声音:与17位艺术家的对话》(纽约:哈珀罗出版社,1962年),190。
16. 这个词语使人想起早期该地区的西班牙人。有关西南部地区更多的西班牙遗产信息,请参阅:斯图尔特·I.尤德尔,《内陆帝国:科罗纳多和我们的西班牙遗产》(纽约:双日出版社,1987年)。
17. 黛布拉·A.帕克,《砖砌街道有助于阿马里洛建设》,《阿马里洛环球新闻》,2001年5月17日。
18. 安妮塔·普利策,《那就是乔治亚》,《周六评论》,1950年11月4日,42。
19. 安妮塔·普利策,《那就是乔治亚》,42。
20. 有关杜尚画作的更多信息,请参阅:卡尔文·汤金斯,《杜尚:传记》(纽约:H.霍尔特与麦克米伦出版社,1998年)。
21. 马丁·格林,《纽约1913:军械库展和帕特森罢工游行》(纽约:斯克里布纳斯出版社,1988年),174。
22. 劳里·莱尔,《一位艺术家的肖像:乔治亚·欧姬芙》(纽约:华盛顿广场出版社,1997年),74。
23. 安妮塔·普利策,《那就是乔治亚》。
24. 在同一封信中,欧姬芙向普利策夸耀说,她刚刚收到了弗洛伊德·戴尔的《女性世界建设者》和托马斯·哈代的《无名的裘德》。乔治亚·欧姬芙,"致安妮塔·普利策",1915年8月25日,《乔治亚·欧姬芙:艺术和书信》,主编杰克·科沃特和胡安·汉密尔顿(华盛顿特区:国家艺术馆,1988年),143。
25. 瓦西里·康定斯基,《论艺术的精神》,迈克尔·T.H.萨德勒译(马萨诸塞州北切莫斯福德:信使出版公司),1914。
26. 乔治亚·欧姬芙,"致安妮塔·普利策",1915年10月20日,《乔治亚·欧姬芙:艺术和书信》,146。
27. 乔治亚·欧姬芙,"致安妮塔·普利策",1915年12月15日,《乔治亚·欧姬芙：艺术和书信》，146。

28. 乔治亚·欧姬芙，"致安妮塔·普利策"，1915年12月13日，《乔治亚·欧姬芙：艺术和书信》，146~147。

29. 乔治亚·欧姬芙，"致安妮塔·普利策"，1915年10月11日，《乔治亚·欧姬芙：艺术和书信》，144。

30. 艾米·冯·林特尔，《乔治亚·欧姬芙1916~1918年的水彩画》（圣塔菲：半径出版社，2016年）。

31. 乔治亚·欧姬芙，"致阿尔弗雷德·斯蒂格利茨"，1916年9月2日，《乔治亚·欧姬芙：艺术和书信》，155~156。

32. 弗雷德·斯托克，《乔治亚·欧姬芙在峡谷》（得克萨斯峡谷：Hunnicutt & Son印刷公司，1990年），14。

33. 乔治亚·欧姬芙，"致保罗·斯特兰德"，1917年11月15日，《乔治亚·欧姬芙：艺术和书信》，165~166。

34. 乔治亚·欧姬芙，"致安妮塔·普利策"，1917年1月17日，《乔治亚·欧姬芙：艺术和书信》，159。

35. 弗雷德·斯托克，《乔治亚·欧姬芙在峡谷》，10。

36. 乔治亚·欧姬芙，"致安妮塔·普利策"，1917年1月17日，《乔治亚·欧姬芙：艺术和书信》，159。

37. 乔治亚·欧姬芙，"致伊丽莎白·斯蒂格利茨"，1918年1月，《乔治亚·欧姬芙：艺术和书信》，166。同样参见乔治亚·欧姬芙，《致保罗·斯特兰德》，1917年6月3日。

38. 弗雷德·斯托克，《乔治亚·欧姬芙在峡谷》，14。

39. 乔治亚·欧姬芙，"致阿尔弗雷德·斯蒂格利茨"，1916年12月11日，选自艾米·冯·林特尔，《乔治亚·欧姬芙1916~1918年的水彩画》，29。

40. 乔治亚·欧姬芙，"致安妮塔·普利策"，1916年9月11日，《乔治亚·欧姬芙：艺术和书信》，156~157。

41. 乔治亚·欧姬芙，"致安妮塔·普利策"，1916年9月11日，《乔治亚·欧姬芙：艺术和书信》，156~157。

42. 凯瑟琳·兰伯特，《罗丹：雕塑和素描》（纽黑文：耶鲁大学出版社，1986年），227。

43. 乔治亚·欧姬芙，《乔治亚·欧姬芙》，无页码。

44. 乔治亚·欧姬芙，《乔治亚·欧姬芙》，无页码。

45. 乔治亚·欧姬芙，《乔治亚·欧姬芙》，无页码。

第二章：《来自远方、近在咫尺》：来自远方的纪念品

1. 乔治亚·欧姬芙，《乔治亚·欧姬芙》，无页码。

2. 乔治亚·欧姬芙，《乔治亚·欧姬芙》，无页码。

3. 乔治亚·欧姬芙，"致舍伍德·安德森"，1923年9月，《乔治亚·欧姬芙：艺术和书信》，174。

4. 乔治亚·欧姬芙，《乔治亚·欧姬芙》，无页码。

5. 萨拉·格里诺德文章，"触碰中心：乔治亚·欧姬芙和阿尔弗雷德·斯蒂格利茨的艺术对话"，《乔治亚·欧姬芙》，坦尼亚·巴尔森主编（伦敦：泰特出版社，2016年），50~59。

6. 沃尔多·弗兰克，《美国和阿尔弗雷德·斯蒂格利茨：肖像集》（纽约：文学协会，1934年），154。

7. 艾琳·科，《"如此完美的东西"乔治亚·欧姬芙和乔治湖》，《现代自然：乔治亚·欧姬芙和乔治湖》（纽约：泰晤士和哈德逊出版社，1913年），34。

8. 乔治亚·欧姬芙，"致艾迪·斯泰特海默"，1925年8月6日，《乔治亚·欧姬芙：艺术和书信》，180。

9. 艾琳·科，《"如此完美的东西"乔治亚·欧姬芙和乔治湖》，50~57。

10. 乔治亚·欧姬芙，《乔治亚·欧姬芙》，无页码。

11. 乔治亚·欧姬芙，《乔治亚·欧姬芙》，无页码。

12. 乔治亚·欧姬芙，《乔治亚·欧姬芙》，无页码。

13. 乔治亚·欧姬芙，"致舍伍德·安德森"，1923年2月11日，《乔治亚·欧姬芙：艺术和书信》，175。

14. 乔治亚·欧姬芙，"致亨利·麦克布莱德"，1925年3月，《乔治亚·欧姬芙：艺术和书信》，179。

15. "历史街道灯柱"，纽约市政府，最后修订日期为1997年6月17日，www.nyc.gov/html/lpc/downloads/pdf/reports/lampposts.pdf。

16. 德罗霍霍斯卡—费尔普，《绽放》，259。

17. 乔治亚·欧姬芙，《乔治亚·欧姬芙》，无页码。

18. 德罗霍霍斯卡—费尔普，《绽放》，260。

19. 私密画廊，《"约翰·马林的40幅水彩画新作"展览目录》（纽约：私密画廊，1927年），无页码。
20. 布兰奇·马蒂亚斯，《斯蒂格利茨呈现七位美国人》，《芝加哥晚报》，《艺术界杂志》，1926年3月2日。
21. 格里·苏特，《乔治亚·欧姬芙》（纽约：帕克斯通国际出版社，2011年），73；南希·霍普金·赖利，《乔治亚·欧姬芙的私人友谊第一部分：漫步太阳草原》（圣塔菲：日长石出版社，2014年），296。
22. 乔治亚·欧姬芙引自哈里·杰菲的《欧姬芙在菲利普斯的展览不容错过》，《华盛顿邮报》，2010年2月21日。
23. 小瑞威斯·米歇尔，《菲斯科大学的斯蒂格利茨藏品争议：散热器大厦》，《田纳西州非洲裔美国人的档案》，www.tnstate.edu/library/documents/FiskStieglitzCollection.pdf，2016年11月7日。
24. 休·费里斯，《明日大都会》（纽约：艾夫斯·沃什伯恩出版社，1929年），29。
25. 布里塔·本卡，《乔治亚·欧姬芙，1887~1986：沙漠之花》（德国科隆：塔森出版社，2000年），40。
26. 小瑞威斯·米歇尔，《菲斯科大学的斯蒂格利茨藏品争议：散热器大厦》。
27. 乔治亚·欧姬芙，《乔治亚·欧姬芙》，无页码。
28. 德罗霍霍斯卡—费尔普，《绽放》，294~295。
29. 小基斯·L.布莱恩特，"艾奇逊、托皮卡和圣塔菲铁路以及陶斯和圣塔菲铁路外来艺术的发展"，《西部历史季刊》，9.4（1978年10月），438~441。同样参阅：芭芭拉·巴布科克和玛塔·韦格编辑，《弗雷德·哈维公司和圣塔菲铁路的伟大西部》（凤凰城：亚利桑那大学出版社，1996年）。
30. 马斯登·哈特利，《1920年北美印第安人的礼节》，《原始主义与20世纪艺术，一部纪实的历史》，杰克·D.弗拉姆和米利亚姆·多伊奇编辑（伯克利：加利福尼亚大学出版社，2003年），176。同样参阅：D.H.劳伦斯，《印第安人和英国人》，选自《D.H.劳伦斯和新墨西哥》，基斯·萨迦尔主编（盐湖城：博雷克林·斯密斯出版社，1982年），2。
31. D.H.劳伦斯，《墨西哥的早晨》（德国：桑兹瓦瑟出版社，2012年），174。

32. 乔治亚·欧姬芙,《乔治亚·欧姬芙》,无页码。
33. 德罗霍霍斯卡—费尔普,《绽放》,294~295。
34. 莱斯利·波琳—肯佩斯,《幽灵牧场》(图森:亚利桑那大学出版社,2005年),107。
35. 乔治亚·欧姬芙,"致阿尔弗雷德·斯蒂格利茨",1944年4月21日,阿尔弗雷德·斯蒂格利茨和乔治亚·欧姬芙档案,YCAL MSS85,拜内克古籍善本图书馆,耶鲁大学。
36. 波琳—肯佩斯,《幽灵牧场》,109。

第三章:《平顶山东侧道路2号》:荒原及荒原之外

1. 乔治亚·欧姬芙,《乔治亚·欧姬芙》,无页码。
2. 波琳—肯佩斯,《幽灵牧场》,9~17。
3. 波琳—肯佩斯,《幽灵牧场》,115。
4. 乔治亚·欧姬芙,《乔治亚·欧姬芙》,无页码。
5. 万达·科恩,《乔治亚·欧姬芙:现代生活》(纽约:普雷斯特尔出版社,2017年),126。
6. 波琳—肯佩斯,《幽灵牧场》,111~112。
7. 克里斯蒂娜·尼尔森,《新墨西哥州的庇护所、避难所和圣地》(科罗拉多博尔德:大地球出版社,2001年),117。同样参阅:莱斯利·波琳—肯佩斯,《闪石山谷》(图森:亚利桑那大学出版社,1997),10~12。
8. 波琳—肯佩斯,《幽灵牧场》,119。
9. 芭芭拉·布勒·莱恩斯和阿卡皮特·洛佩兹,《乔治亚·欧姬芙和她的住宅:幽灵牧场和阿比丘》(纽约:艾布拉姆斯公司,2012年),125。
10. 乔治亚·欧姬芙,《乔治亚·欧姬芙》,无页码。
11. 德罗霍霍斯卡—费尔普,《绽放》,374。
12. 苏特,《乔治亚·欧姬芙》,111。
13. 《欧姬芙赋予无生命的骨头以艺术活力》,《生活》,1938年2月14日,28~32。
14. 德罗霍霍斯卡—费尔普,《绽放》,382。
15. 德罗霍霍斯卡—费尔普,《绽放》,384。
16. 乔治亚·欧姬芙,《乔治亚·欧姬芙》,无页码。
17. 乔治亚·欧姬芙,"致玛利亚·沙博",1944年2月13日,《玛利亚·

沙博和乔治亚·欧姬芙1941～1949年通信》，芭芭拉·布勒·莱恩斯和安·派登主编（阿尔伯克基：新墨西哥大学出版社，2003年），170～171。

18. 玛利亚·沙博，"致乔治亚·欧姬芙"，1944年1月12日，《玛利亚·沙博和乔治亚·欧姬芙1941～1949年通信》，162。

19. 玛利亚·沙博，"致乔治亚·欧姬芙"，1944年1月12日，《玛利亚·沙博和乔治亚·欧姬芙1941～1949年通信》，169。

20. 乔治亚·欧姬芙，"致玛利亚·沙博"，1942年5月8日，《玛利亚·沙博和乔治亚·欧姬芙1941～1949年通信》，32。

21. 乔治亚·欧姬芙，"致玛利亚·沙博"，1942年5月8日，《玛利亚·沙博和乔治亚·欧姬芙1941～1949年通信》，38。

22. 乔治亚·欧姬芙，"致阿尔弗雷德·斯蒂格利茨"，1943年4月30日，阿尔弗雷德·斯蒂格利茨和乔治亚·欧姬芙档案，YCAL MSS85，拜内克古籍善本图书馆，耶鲁大学。

23. 多瑞斯·布莱，《乔治亚·欧姬芙：一些关于绘画的记忆》（阿尔伯克基：新墨西哥大学出版社，1988年）。

24. 乔治亚·欧姬芙，"致玛利亚·沙博"，1944年2月22日，《玛利亚·沙博和乔治亚·欧姬芙1941～1949年通信》，175。

25. 波琳一肯佩斯，《幽灵牧场》，146。

26. 乔治亚·欧姬芙，"致阿尔弗雷德·斯蒂格利茨"，1943年6月23日，阿尔弗雷德·斯蒂格利茨和乔治亚·欧姬芙档案，YCAL MSS85，拜内克古籍善本图书馆，耶鲁大学。

27. 欧姬芙引用"一个美国人的地方"画廊目录中的话，摘自《乔治亚·欧姬芙》，无页码。

28. 玛利亚·沙博，"致乔治亚·欧姬芙"，1944年1月12日，《玛利亚·沙博和乔治亚·欧姬芙1941～1949年通信》，161。

29. 布里塔·本卡，《乔治亚·欧姬芙，1887～1986：沙漠之花》，76。

30. 玛利亚·沙博，"致乔治亚·欧姬芙"，1945年1月17日，《玛利亚·沙博和乔治亚·欧姬芙1941～1949年通信》，238。有关"战争努力豆"参阅：乔治亚·欧姬芙，"致斯蒂格利茨"，1943年6月23日，阿尔弗雷德·斯蒂格利茨和乔治亚·欧姬芙档案，YCAL MSS85，拜内克古籍善本图书馆，耶鲁大学。

31. 波琳—肯佩斯，《幽灵牧场》，145。
32. 波琳—肯佩斯，《幽灵牧场》，147。
33. 《印第安人（普韦布洛）土地上的坝址勘探提议：印第安人事务委员会的听证会，众议院第七十八届国会第一届会议，关于H.R.323号决议授权勘探位于新墨西哥州印第安人土地上的拟建水坝，1943年5月25和26日》（华盛顿：美国政府印刷办公室，1943）。沙博提到了国会对大坝的听证会，以及为抗议建设大坝所做的努力，参见"致乔治亚·欧姬芙"，1944年2月3日，《玛利亚·沙博和乔治亚·欧姬芙1941~1949年通信》，167。
34. 乔治亚·欧姬芙，"致玛利亚·沙博"，1945年1月15日，《玛利亚·沙博和乔治亚·欧姬芙1941~1949年通信》，238。
35. 波琳—肯佩斯，《幽灵牧场》，157。
36. 詹姆斯·约翰逊·斯威尼，"现代艺术博物馆回顾展上的乔治亚·欧姬芙绘画作品"，现代艺术博物馆，www.moma.org/d/c/press_release/W1siZiIsIjMyNTUxNCJdXQ.pdf?sha=9b271acf6d19d5ec，2016年12月6日。
37. 那批机构包括康涅狄格州纽黑文市的耶鲁大学拜内克古籍善本图书馆、田纳西州纳什维尔的菲斯科大学卡尔·范·维赫腾画廊、纽约罗切斯特的乔治·伊士曼博物馆、华盛顿特区的国会图书馆、纽约大都会艺术博物馆、波士顿美术博物馆、纽约现代艺术博物馆、华盛顿特区的国家艺术画廊、东京现代艺术国家博物馆、费城艺术博物馆、华盛顿特区的菲利普斯收藏馆、旧金山现代艺术博物馆。
38. 劳埃德·古德里奇和多瑞斯·布莱主编，《乔治亚·欧姬芙》（纽约：惠特尼美国艺术博物馆，1065年），26。

第四章：《云上天空1号》：家在途中

1. 乔治亚·欧姬芙，《乔治亚·欧姬芙》，无页码。
2. 乔治亚·欧姬芙，"致亨利·麦克布莱德"，1948年7月19日，《乔治亚·欧姬芙：艺术和书信》，248。
3. 布勒·莱恩斯和阿卡皮特·洛佩兹，《乔治亚·欧姬芙和她的住宅》，123、192、130。
4. 乔治亚·欧姬芙，"致威廉·霍华德·舒伯特"，1950年4月~7月19

日,《乔治亚·欧姬芙:艺术和书信》,252。
5. 科恩,《现代生活》,158。
6. 乔治亚·欧姬芙,"致威廉·霍华德·舒伯特",1951年3月27日,《乔治亚·欧姬芙:艺术和书信》,260。
7. 乔治亚·欧姬芙,"致玛格丽特·(佩琦)基斯卡登",1956年6月17日,阿尔弗雷德·斯蒂格利茨和乔治亚·欧姬芙档案,YCAL MSS85,拜内克古籍善本图书馆,耶鲁大学。
8. 劳埃德·古德里奇和多瑞斯·布莱主编,《乔治亚·欧姬芙》,28。
9. 乔治亚·欧姬芙,"致玛利亚·沙博",1941年11月11日,《玛利亚·沙博和乔治亚·欧姬芙1941~1949年通信》。
10. 德罗霍霍斯卡—费尔普,《绽放》,478。
11. 大卫·布劳尔和艾略特·波特,《无人知晓的地方:科罗拉多河上的格伦峡谷》(旧金山:塞拉俱乐部,1963年)。
12. 德罗霍霍斯卡—费尔普,《绽放》,482~483。
13. 古德里奇,《乔治亚·欧姬芙》,28。
14. 德罗霍霍斯卡—费尔普,《绽放》,507。

尾声

1. 德罗霍霍斯卡—费尔普,《绽放》,507。
2. 古德里奇,《乔治亚·欧姬芙》,29。
3. 卡罗琳·卡斯纳,《美国现代主义者杰恩·斯密斯》(阿尔伯克基:新墨西哥大学出版社,2003年),35。

原版书参考文献

Benka, Britta. Georgia O'Keeffe, 1887–1986: Flowers
in the Desert. Cologne, Germany: Taschen, 2000.

Brower, David and Eliot Porter. The Place No One Knew: Glen Canyon on the Colorado. San Francisco: Sierra Club, 1963.

Buhler Lynes, Barbara and Agapita López. Georgia O'Keeffe and her houses: Ghost Ranch and Abiquiu. New York: Abrams, 2012.

Corn, Wanda. Georgia O'Keeffe: Living Modern.
Prestel Publishing: New York, 2017.

Coe, Erin. '"Something so Perfect" Georgia O'Keeffe and Lake George'. Modern Nature: Georgia O'Keeffe and Lake George. Edited by Erin Coe. New York:
Thames and Hudson, 1913.

Dijkastra, Bram. Georgia O'Keeffe-The New York Years. New York: Alfred Knopf, 1991.

Dow, Arthur Wesley. 'Modernism in Art'.
Paper presented at the annual meeting of the
College Art Association, Philadelphia, Pennsylvania, 20–22 April 1916.

Dow, Arthur Wesley. Composition: A Series of Art Exercises for in Art Structure for the Use of Students and Teachers, seventh edition. New York: Doubleday Press, 1912.

Drohojowska-Philp, Hunter. In Full Bloom: The Art and Life of Georgia O'Keeffe. New York: W.W. Norton & Company, 2004.

Georgia O'Keeffe Abstraction. Edited by Barbara Haskell. New Haven: Yale University Press, 2009.
Kuh, Katherine. The Artist's Voice: Talks with Seventeen Artists. New York: Harper and Row, 1962.
Pollitzer, Anita. 'That's Georgia'. The Saturday Review. 4 November 1950.

Lisle, Laurie. Portrait of an Artist:

Georgia O'Keeffe.
New York: Washington Square Press, 1997.

Georgia O'Keeffe: Art and Letters. Edited by Jack Cowart and Juan Hamilton. Washington D.C.: National Gallery of Art, 1988.

Greenough, Sarah. 'Touching the Centre: Georgia O'Keeffe and Alfred Stieglitz's Artistic Dialogue'.
Georgia O'Keeffe. Edited by Tanya Barson.
London: Tate Publishing, 2016.

Goodrich, Louis and Doris Bry. Georgia O'Keeffe.
New York: Whitney Museum of American Art, 1965.

Intimate Gallery. Forty New Water-Colors by John Marin. Exhibition Catalogue. New York: Intimate Gallery, 1927.

Kandinsky, Wassily. Concerning the Spiritual in Art. Translated by Michael T.H. Sadler. North Chelmsford, Massachusetts: Courier Corporation, 1914.

Maria Chabot-Georgia O'Keeffe, Correspondence,
1941–1949. Edited by Barbara Buhler Lynes and Ann Paden. Albuquerque: University of New Mexico Press, 2003.

My Faraway One: Selected Letters of Georgia O'Keeffe and Alfred Stieglitz: Volume One, 1915–1933. Edited
by Sarah Greenough. New Haven: Yale University
Press, 2011.

Poling-Kempes, Lesley. Ghost Ranch. University of Arizona: Tucson, 2005.

Poling-Kempes, Lesley. Valley of the Shining Stone. Tucson: University of Arizona Press, 1997.

O'Keeffe, Georgia. Georgia O'Keeffe. New York:
Viking Press, 1976.

O'Keeffe, Georgia 'Introduction'. In Georgia O'Keeffe a Portrait by Alfred Stieglitz. New York: Museum of Modern Art, 1978.

Stoker, Fred. Georgia O'Keeffe in Canyon. Canyon, TX: Hunnicutt & Son Printing, 1990.
Tomkins, Calvin. 'A Rose in the Eye Looks Pretty Fine'. The New Yorker. 4 March 1974.

Von Lintel, Amy. Georgia O'Keeffe Watercolors:
1916–1918. Santa Fe: Radius Books, 2016.

原版书版权和图片出处说明

扉页图：欧姬芙在阿比亚家中的卧室里，1966年。

目录对页图：《河流——苍白》，1959年，布面油画，105.4厘米×79.7厘米。乔治亚·欧姬芙博物馆赠送。乔治亚·欧姬芙博物馆，圣塔菲，新墨西哥州，美国（2006.05.280）

目录背页图：一只乔治亚·欧姬芙的松狮犬正坐在她幽灵牧场的庭院里，1967年

Copyright

All artwork by Georgia O'Keeffe © Georgia O'Keeffe Museum/DACS 2017 except for the following:

40 © Amarillo Museum of Art
138-139 © Art Institute of Chicago
44,50,79 © The Metropolitan Museum of Art, New York
33,126 left © New Mexico Museum of Art
62, 99 © Board of Trustees, National Gallery of Art, Washington
32 © The Philadelphia Museum of Art
86,87 © The Phillips Collection, Washington, D.C.

All photographs by Georgia O'Keeffe and Maria Chabot © The Georgia O'Keeffe Museum, Santa Fe, NM, USA

175 © 2017 The Andy Warhol Foundation for the Visual Arts, Inc./Artists Rights Society (ARS), New York and DACS, London.

24 © The Estate of Edward Steichen/Artists Rights Society (ARS), New York and DACS, London 2017

All photographs by Todd Webb © Todd Webb Archive, Portland, Maine, USA

Picture credits

Alamy Stock Photo: 72-73 (Everett Collection); 110 right (Ernesto Burciaga); 105 below (Jimmy

Williams)

Alfred Stieglitz Collection, co-owned by Fisk University, Nashville, TN, USA and Crystal Bridges Museum of American Art, Bentonville, AR, USA. Photograph by Edward C. Robinson III 75

Allen Phillips/Wadsworth Museum 83

Amarillo Museum of Art 40

Art Institute of Chicago 22

The Art Students League of New York 11

Art Resource/SCALA Florence: 68 , 138-139 (The Art Institute of Chicago); 176 (Fine Art Images/ Heritage Images); opposite of contents page, 13,14, 43, 58 below, 61, 69, 77 right, 94, 105 above, 110 left, 122, 123, 153,155, 156, 159, 165 , 166, 170,171, 172 (Georgia O'Keeffe Museum, Sante Fe); 42, 65, 109, 132 below, 136, 147 (Malcolm Varon 2001–2017/

Georgia O'Keeffe Museum, Sante Fe); 50, 79 (Malcolm Varon 2017/The Metropolitan Museum of Art); 24, 44, 52 above (The Metropolitan Museum of Art); 32 (The Philadelphia Museum of Art); 46 (Museum of Fine Arts, Boston); 7, 8 above left (The Museum of Modern Art, New York)

© Beinecke Rare Book and Manuscript Library, Yale University 28, 31, 55,92-93

Bridgeman Images: 59 above, 86, 145; 173 (Christie's Images); 66 (De Agostini Picture Library/G. Nimatallah)

Carl and Marilynn Thoma Art Foundation 94
Collection Center for Creative Photography, University of Arizona © 2016 The Ansel Adams Publishing Rights Trust 102
The Eiteljorg Museum of American Indians and Western Art 86 above

The Georgia O'Keeffe Museum, Sante Fe, NM, USA 14 above right and below, 19, 37, 39, 53 , 56 , 77 left, 85, 107, 108, 113, 115 left, 117, 87 right, 127, 129, 132 above, 144, 146, 158, 161, 162, 164

Getty Images: 2, 134, 148, 167, 166, 178-179 (John Loengard/ LIFE Picture Collection); 6 (Tony Vaccaro); 74 left (GE Kidder Smith); 152 (Werner Forman/ Universal Images Group)

The Library of Congress, Washington, D.C. 15, 20,21

The Menil Collection, Houston. Photograph by Paul Hester 29

National Gallery of Art, Washington 62, 99
National Park Service, USA 93, 96, 101, 132

New Mexico Museum of Art. Photograph by Blair Clark 33, 126© Palace of the Governors Photo Archives, New Mexico History Museum, Sante Fe, NM, USA 81, 82 89

The Phillips Collection, Washington, D.C. 59 below, 87

Shutterstock: 34-35 (Zachary Frank); 57 (tomtsya)

Whitney Museum/Tim Nighswander/Imaging opposite of contents page Art 7, 115

致谢

虽然欧姬芙说她的家不如她的生活方式重要,我的家乡新墨西哥州北部却对这部作品产生了潜移默化的影响。作为土生土长的当地人,我从我最亲密的亲人和朋友那里得到了温暖和支持,他们和我一样喜欢这片美丽而又矛盾的干旱土地。我向他们致以最深切的谢意。

我要感谢乔治亚·欧姬芙博物馆和圣塔菲研究中心的工作人员,感谢你们为我提供了访问重要档案资源的机会。欧姬芙博物馆的馆长卡洛琳·卡斯特纳和数字媒体策划吉拉·伦道夫,对稿件提出了深思熟虑的建议。我和每个人的谈话内容都极有价值。最后,弗朗西斯·林肯公司的安娜·沃森是一位永不言败、充满耐心的编辑,在她的推动下这个项目才能顺利进行。

对于在这个复杂地区世世代代生活的新墨西哥州人,我怀着感恩之心,并希望与大家分享这里的故事和传说。

乔治亚·欧姬芙：我独居于世界的尽头
QIAO ZHI YA OU JI FU：WO DU JU YU SHI JIE DE JIN TOU

出版统筹：冯　波	营销编辑：李迪斐
项目统筹：谢　赫	陈　芳
责任编辑：张昀珠	装帧设计：赵　瑾
责任技编：王增元	

Georgia O'Keeffe at Home
Copyright © 2017 Quarto Publishing plc
Text copyright © Alicia Inez Guzmán 2017
Photographs copyright © as listed on page 214
First Published in 2017 by Frances Lincoln, an imprint of The Quarto Group
All rights reserved. No part of this publication may be reproduced, stored in a
retrieval system, or transmitted, in any form, or by any means, electronic, mechanical,
photocopying, recording or otherwise without the prior written permission of the
publisher or a licence permitting restricted copying.
Chinese edition © Guangxi Normal University Press Group Co., Ltd.2025
著作权合同登记号桂图登字：20-2025-021 号

图书在版编目（CIP）数据

乔治亚·欧姬芙：我独居于世界的尽头 /（美）艾莉西亚·伊内兹·古斯曼著；夏莹译. -- 桂林：广西师范大学出版社，2025.6. -- ISBN 978-7-5598-8029-1
Ⅰ. K837.125.72
中国国家版本馆 CIP 数据核字第 202548TJ60 号

广西师范大学出版社出版发行
（广西桂林市五里店路 9 号　邮政编码：541004）
网址：http://www.bbtpress.com
出版人：黄轩庄
全国新华书店经销
广西昭泰子隆彩印有限责任公司印刷
（南宁市友爱南路 39 号　邮政编码：530001）
开本：787 mm × 1 092 mm　1/32
印张：7　字数：120 千
2025 年 6 月第 1 版　2025 年 6 月第 1 次印刷
定价：68.00 元

如发现印装质量问题，影响阅读，请与出版社发行部门联系调换。